创业人生 贰

周前进 主编

草 / 根 / 成 / 长 / 与 / 成 / 功 / 之 / 道

清华大学出版社
北 京

图书在版编目(CIP)数据

创业人生贰：草根成长与成功之道 / 周前进 主编. —北京：清华大学出版社，2017
(2017.12重印)

ISBN 978-7-302-48450-9

Ⅰ. ①创… Ⅱ. ①周… Ⅲ. ①大学生—创业 Ⅳ. ①G647.38

中国版本图书馆 CIP 数据核字(2017)第 227134 号

责任编辑：陈 莉 高 屾
封面设计：高 洁
版式设计：方加青
责任校对：曹 阳
责任印制：沈 露

出版发行：清华大学出版社
网 址：http://www.tup.com.cn，http://www.wqbook.com
地 址：北京清华大学学研大厦 A 座 邮 编：100084
社 总 机：010-62770175 邮 购：010-62786544
投稿与读者服务：010-62776969，c-service@tup.tsinghua.edu.cn
质 量 反 馈：010-62772015，zhiliang@tup.tsinghua.edu.cn
印 装 者：三河市君旺印务有限公司
经 销：全国新华书店
开 本：170mm×240mm 印 张：14.5 字 数：200 千字
版 次：2017 年 11 月第 1 版 印 次：2017 年 12 月第 2 次印刷
印 数：4001 ～ 5500
定 价：45.00 元

产品编号：074283-01

序　一

管理你的未来——想做的事情就去做！

许多爱看电影的朋友们一定记得《成事在人》（*Invictus*）这部电影，导演克林·伊斯特伍德 (Clint Eastwood)用英国诗人威廉姆·恩内斯特·亨利(William Ernest Henley)1875年吟诵的一首诗“打不倒的勇者”描述南非的传奇英雄曼德拉：

Out of the night that covers me (夜幕低垂)
Black as the Pit from pole to pole (四周一片漆黑)
I thank whatever gods may be (我感谢上帝)
For my unconquerable soul. (赋予我不败的心灵。)
In the fell clutch of circumstance (即使环境险恶劣)
I have not winced nor cried aloud. (我不会退缩或哭嚎。)
Under the bludgeonings of chance (就算时机不利)
My head is bloody， but unbowed. (血流满面我不屈服。)
Beyond this place of wrath and tears (超越愤怒与悲情格局)
Looms but the Horror of the shade (就算恐怖阴霾逼近)
And yet the menace of the years (岁月来势汹汹)
Finds and shall find me unafraid. (我一无所惧。)

It matters not how strait the gate (不管前途多少险阻)

How charged with punishments the scroll (有多少的罪罚)

I am the master of my fate (我是我命运的主人)

I am the captain of my soul. (我是我心灵的统帅。)

1999年美国一位知名作家兼老教授墨瑞·史瓦兹(Morrie Schwartz)罹患重病不久人世，人生最后一段岁月跟得意门生米奇写下一本畅销书《最后14堂星期二的课》(*Tuesdays with Morrie*)，书中有一段对话：生命若要有意义，就要投入去爱别人，投入去关怀您周围的人，投入去创造一些您活得有目的、有意义的事情；我们整天忙着以自我为中心，关心事业、家庭、赚钱、还贷款、买新车……忙着千头万绪的琐事，自己这样一天过一天。所以，我们不习惯退后一步，冷眼旁观自己的生活，然后问一句：人生就是这样吗？我所要的就是这样吗？是不是少了些什么？

2006年日本“红白歌唱大赛”节目中，由偶像巨星木村拓哉朗诵，由声乐家秋川雅史以一种几乎不被流行乐坛看好的唱腔，娓娓唱出这首“千风之歌”，感动了无数日本观众，开启新的一年尊重生命的天籁之歌。歌词大意是：人死了就不可能回来，想做的事就去做！最重要的是活在当下，尊重生命的价值，尊重人的价值，努力去完成应该做的事情，尽情地发挥你的精神，影响别人，每天都比以前更进步，追求成长与卓越，也就是禅里有一句话，超越你的精神。许多人从歌曲中得到心灵上的慰藉，生命短暂，它终将离去，但是，要活在当下，竭尽心力创造无穷的价值。

百年以来，从西方到东方的生活中、心灵中、哲学中，对人类生命的探索可以从上述三个作品中得到一些印证，那就是活在当下，追求生命的价值重在实践，想做的事情就勇敢去做，这段文字的诠释，恰好呼应时下非常热门又熟悉的话题：大众创业，万重创新的实践。

国内2017年高等学校毕业生人数再创历史新高，达7 950 000人，数字不断往上攀升，同时带来就业的社会压力，每年大约都有一半以上的毕业生待业，或许他们是怀才不遇，或许是眼高手低，或许是好高骛远，又或许是等待自立门户寻找商机创业……因此每一年的中小型企业的公司注册登记数都呈两位数字增长。根据腾讯报告可知，国内有6亿人之多夜以继日地考虑创业这个问题，但是更残酷的事实却也告诉我们，每年初创企业倒闭歇业的数量也在不断攀升。根据统计显示：初创企业的存活率非常低，不到5%，虽然这些数字令人不忍直视，但是每年还是有前仆后继的人争相下海体验“创业人生”的酸甜苦辣。

回首中国台湾从20世纪50年代开始经济起飞，经历数十年的高度发展，几乎每两个人当中就有一个人是创过业的小老板，成功或是失败皆有，虽然创业人数众多，但是这些创业的过程多半都是盲人摸象，全然都是在一知半解的激情中摸索。因此当我们开始将这些创新创业的经验集结起来，形成系统化的Know-How，来协助这些年轻的创业家少走弯路，并且更稳健地走过初创人生的风暴期，进入稳健期，我们得到了很大的回响与鼓舞。

因此我们创立系统性的大学生创业辅导的梦想驿站：新道创新创业学院，由本书的主编周前进先生担任院长，整合大量的创业资源挹注学院帮扶学生，更重要的是，我们规划引入1+3创新创业体系的办学模式(创新创业教育+实训+实践+孵化)，通过全面的内涵教育帮助学生点燃激情、夯实基础、拓宽眼界、降低风险，在高校校园开展更多的、更扎实的创新创业教育，帮助创业者们不再看重眼前的创业成功率，更多地学习创业家的精神，打磨精进他们未来的人生格局与高度。

教育是百年树人的工程，我们的目标不是制造眼前的创业家，更多的是打造未来的企业家，注入更多的国际化的视野与前瞻的思维，这也就是创业人生系列以公益性质推广的目的与效益，也是对诗歌“打不倒的勇者”所描述的“我是我命运的主人”的最佳诠释！

魏梅金

新道科技股份有限公司资深顾问

日本九州产业大学营销博士

英国V.of Essex 企业博士

序　二

很高兴能够为本书写序。

认识新道科技以及周前进总经理已经三四年了，对于新道科技与周总经理推动“教育改变世界”的理想非常认同，而其中创新创业教育又是当前国家发展重中之重的要务。为此，我抱持着兴奋又严谨的态度为本书作序。

创业人生！个人的人生就是一条创新创业发展的人生道路！本人从懵懵懂懂的工程领域学生生活开始接触产业，在美国求学过程中以及在美国福特汽车工作经历中看到美国的教育与企业经营模式，在与美国创新大师兰登・莫里斯（Langdon Morris）的合作过程中打开了广义创新的视野，后续又延伸到品牌营销与经营管理系统的实务执行过程，申请过许多有趣的专利，经历创业、失败、继续创业、继续失败、再继续创业……的过程，可以说，本人是实践型的创新家与创业家。

“没有创新的创业只能在红海市场削价竞争，拥抱创新的创业才有机会进入蓝海市场，所以必须先创新再创业！”现代管理学之父彼得・德鲁克（Peter Drucker）说过“不创新就灭亡”。创新能量是成功创业与事业永续的根基，这是一个定理。所以如果站在教育观点看创新创业，创新教育务必落实创新方法论的教学，但是创业教育则应该是要着重在创业家精神的培育。创新的方法论涵盖面非常广泛，如思维创新、管理创新、技术创新。其中，思维创新涵盖商业模式创新；管理创新包括战略目标管理、研发、生产、品牌、组织管理；技术创新则分为突破型与渐进式创新，当前教育，尤其是创新教育的发展趋势就是“实务学习”与“跨领域学习”，因为唯有能够落地并且迎接未来趋势的创新才能够创造新的市场大饼，造就成功的新创事业，史蒂夫·乔布斯、拉里·佩奇、杰夫·贝佐斯、马克·扎克伯格、伊隆·马斯克等都是这样成为改变世界的伟大年轻创业家的。

恭喜本书创业人生故事中的各位年轻朋友勇敢地踏出人生的第一步！创业维艰，创业人通常会面对各式各样的挑战，事实上创业失败的主要原因应该包括创新不足、目标不清、可行性低、规划力弱、执行力差、人谋不臧等因素。就算踏出成功创业的第一步，后续接踵而来的挑战将会考验创业团队的竞争门槛建设能力、动态竞争战略布局能力以及持续变革创新与组织调适能力。尤其是在这创新加速、竞争加遽的变革经济(transformation economy)时代，面对未来的诸多挑战是否有能力逆境突围、一一克服、持续成长，才是优秀的实践型创业家所需要具备的精神与能量。

事实上，在事业经营的过程中，经营管理、变革管理、创新与创新管理都是必须积累的能量。有很多企业从发展到遇到瓶颈再到消失于市场，都是犯了整体管理效能不断弱化、组织成员陷入埋头苦干的窘境，因而失去主动应对外部变化局势、积极创新的能力，最后终于颓败、消失。

因此，在未来创业人生道路上，鼓励各位年轻创业家以人脉、专业、诚信、思维等四大关键元素作为成功的核心能量。人脉是成功的基础，缺乏人脉不可能成功。专业是成功的关键，没有专业，没有可被利用的价值，周边人脉必然离你而去。诚信是成功的永续，没有人愿意与缺乏诚信原则的人合作共事。思维则是格局信念的思维模式，沟通协调、创新策略以及整合资源过程的思考逻辑，是贯穿前述三个元素的真正的成功核心！

从创业到事业的永续发展，以及后续的创业人生，其实是人生能量积累的过程，许许多多的创业都是水到而渠成。所以，创业人生就好像搭乘一部拥挤的列车，有很多人争着想要上来，行进过程中有些人会被推挤下车，有些人会无法忍受而自愿下车，但是有些人也可能在车上找到可以畅谈理想的伙伴，结成团队朝着理想目标前进。在这个过程中，修过越多失败学、历炼出越坚毅的创业家精神的人，必然能够最后抵达理想的目标。

“教育变革、任重道远”，在新道努力推动教育变革之际，期望以此与本书中的年轻创业家、学校创新创业领域老师们以及想要发展创新创业领域的朋友们共勉。

林均烨博士

企业商战教练、创新管理师

科学院大学创新创业学院顾问

教育部全国高校师资网络培训中心特聘教授

香港大学SPACE中国商业学院(ICB)研究生文凭客席讲师

2017年7月27日于宝岛台湾

目　录

科技改变生活，思维颠覆未来

——“科技创客”林鹏程的创业故事　/ 001

中国领先一把　/ 001
教育世家的“叛逆者”　/ 002
不忘初心磨练技术　/ 003
20岁初尝失败苦滋味　/ 004
成大事者怎能轻言放弃　/ 006
困境中斩获第一桶金　/ 007
死灰复燃，涅槃重生　/ 007
原地崛起，照亮创业路　/ 008
挺进三亚，创业起步　/ 010
天降大任，从头再来　/ 012
创出我要的未来　/ 014
创业导师点评　/ 016
本校双创教育　/ 018
教育专家点评　/ 019

每一次失败都是考验，每一步错误都是修行

——“民俗先锋”张茜的创业故事　/ 020

创业元年，她失败了　/ 020
努力的女孩运气不会差　/ 023
用奖学金创业　/ 025
度过最难熬的时刻　/ 026
成立公司，谋求更大的发展　/ 028
天道酬勤，商道酬信　/ 030
发现民俗的力量　/ 032
不惧失败，才能迎接未来　/ 033
创业导师点评　/ 034
本校双创教育　/ 036
教育专家点评　/ 037

只有弱者才走没有危险的路

——“人才猎手”李博的创业故事　/ 039

扭曲了的价值观　/ 039
把聪明用错了地方　/ 040

"浪子"回头金不换 / 042
表面放手是为了内心坚持 / 043
被自己炒掉的第一份工作 / 044
只有弱者才走没有危险的路 / 047
师夷长技以制夷 / 048
差点死在"襁褓"之中 / 049
创业后的第一个客户 / 050
屋漏偏遇连阴雨 / 051
无规矩不成方圆 / 054
走在实现梦想的道路上 055
创业导师点评 056
本校双创教育 058
教育专家点评 059

逆流而上的成功才更有意义
——"宠物导师"胡柳峰的创业故事 / 060

唯有梦想不可辜负 / 060
创业源于对社会的那份责任 / 061
每一个选择都是最好的安排 / 064
年轻敢想，才能有创业灵感 / 065
背离时代，一腔热血只为实现梦想 / 067
艰难起步，未来渺茫众人离 / 068
意外转折，顾客秒变合伙人 / 069
拥有它，优待它 / 071
十字路口，发展模式待改进 / 072
创业永远在路上 / 074
创业导师点评 / 075
本校双创教育 / 077
教育专家点评 / 078

思维决定前程，创意改变生活
——"科创达人"云曙先的创业故事 / 080

从创新到创业 / 080
因为自卑，所以更要努力奔跑 / 081
目标是前进的灯塔 / 082
创新与生活接轨 / 084
走在就业还是创业的十字路口 / 085
创新永不停歇 / 087
遭遇危机，绝境求生 / 088
四大平台，助力创业发展 / 089
创业永无止境 / 091
企业文化是发展的根基 / 094
千帆过尽终不悔 / 096
创业导师点评 / 097
本校双创教育 / 099
教育专家点评 / 100

小牛一起犇，努力成大牛
——“校园创客”刘斌团队的创业故事 / 102

在创业实践中积累经验 / 102
精彩的人生在于折腾 / 104
生活不止眼前的苟且 / 106
世界那么大，我想去走走 / 107
梦点燃的地方 / 109
走向更大的舞台 / 112
师兄师姐，班长委员 / 114
一基四翼的发展战略 / 114
将分享进行到底 / 115
路漫漫其修远兮 / 116
创业导师点评 / 117
本校双创教育 / 118
教育专家点评 / 119

明月本无心，行人自回首
——“草原巾帼”陈明月的创业故事 / 121

明知山有虎，偏向虎山行 / 121
与生俱来的创业基因 / 123
做卖报郎的那段日子 / 125
咬定青山不放松 / 126
是金子一定会发光 / 127
生意头脑乍现 / 129
公交车上产下“金算盘” / 130
困境中获得一线生机 / 131
爱笑的女生运气不会太差 / 133
塞翁失马，焉知非福 / 134
成功背后的靠山 / 136
创业永远在路上 / 138
创业导师点评 / 139
本校双创教育 / 140
教育专家点评 / 141

四川娃的青春梦
——“人力专家”龙章其的创业故事 / 142

源起 / 142
读书无用论激发斗志 / 143
在绝望中寻找希望 / 146
脱缰黑马，惨遭滑铁卢 / 147
绝处逢生，结缘人力 / 148
众人聚力，破茧化蝶 / 150
打开局面，初尝战果 / 151
断臂止血，构建团队 / 153
阴差阳错，结缘九三 / 155
心得体会 / 156

创业导师点评 / 157
本校双创教育 / 158
教育专家点评 / 159

发掘隐藏千年的时尚
——“逐梦创客”阿丽耶·伊敏江的创业之路 / 160

艾德莱斯的前世今生 / 160
被激发出来的创业思维 / 161
找准方向，独辟蹊径 / 162
筑梦创客，开启创业之路 / 164
由门外汉闹出的笑话 / 167
第一批衣服只赠不卖 / 167
走过最艰难的一段路 / 169
传统手艺走向国际市场 / 170
用情感用人，用制度管人 / 171
情感永远是奋斗的动力 / 172
创业导师点评 / 174
本校双创教育 / 175
教育专家点评 / 176

帮助天下毕业生走稳求职第一步
——“自由战士”夏娟的创业故事 /178

谈就业，谁不曾迷茫 /178
敢想、敢干、敢创新 /180
创业第一步 /180
终于有所成绩 /182
所有成功都没有意外 /183
那些难忘的人 /185
近距离对话模式 /186
淘你，也淘自己 /187
全国首创高校VR全景线上招聘会 /188
获得“互联网+”大赛省级金奖 /189
与vivo合作 /190
创业不是说说而已 /190
创业导师点评 /192
本校双创教育 /193
教育专家点评 /194

初遇韶华，恩宠加身
——“参赛狂人”崔天雷的创业故事 / 195

初谋创业 / 195
初识创新创业 / 197
与“你”熟识 / 198
初遇“韶华”，一见如故 / 199

成立公司　/ 200
国赛见闻　/ 202
上海、北京之行的收获　/ 203
“韶华云帆”的发展　/ 204
迷茫的毕业季　/ 205
“挑战杯”与“毕业”的交锋　/ 206
决战挑战杯　/ 207
回首与展望　/ 208
创业导师点评　/ 209
本校双创教育　/ 211
教育专家点评　/ 212

后记　/ 213

科技改变生活，思维颠覆未来

——“科技创客”林鹏程的创业故事

2012年，研发出智能家居产品，产品虽火但却没有打开市场；2014年，借互联网之势，成功赚取人生第一桶金；2015年，通过设计APP创业，终因刚需不大被迫放弃；2016年，推出聋哑人社交手套——Echat，让聋哑人“能听能说”。如今，林鹏程科技创业的故事正在继续谱写。

中国领先一把

在林鹏程的眼里，这个世上最幸福的事，莫过于能以自己喜欢的事立业。

对电子设计方面有着浓厚兴趣的林鹏程，正是凭借自己的技术建立了自己的事业。而今，走在创业道路上的他每每回想起从当初“技术宅”一步一步蜕变为创客的经历，总觉得不可思议。

出生于1992年的林鹏程，2014年从福州大学毕业。一年后，凭借着技术积累，林鹏程和他的团队研发设计出了一个具有划时代意义的科技产品——Echat，即聋哑人社交手套。2016年10月，他的“Echat”报名参加了第二届“互联网+”大学生创新创业大赛，获得现场评委的一致好评，并一举拿下金奖。2016年12月，其在中国梦想工厂创新创业大赛中获得金奖。

在这个世界上，致力于解决聋哑人社交问题的人并不止林鹏程一个，而类似社交手套的研发在世界上亦早已有先例。

2012年，乌克兰研发人员制造出了手语手套“Enable Talk”；2016年，美国盛顿大学的两个学生也研发出了可以翻译手语的手套“SignAloud”。

与乌克兰的“Enable Talk”相比，林鹏程说：“第一，我与他们的产品设计不是一个方向，他们的设计只能实现从聋哑人到正常人的交流，我们实现了正常人到聋哑人的交流。第二，我们的社交手套是针对中国的手语做的。”

与美国的“SignAloud”相比，林鹏程说：“他们的手套只能在电脑上演示呈现，由于电脑的体积较大，不方便携带，另外也加重了使用者的负担。而我们把‘Echat’的场景应用放到了App平台上，我们属于便携式的社交手套。”

林鹏程瘦弱的肩膀上，扛起的是中国崛起的梦想，他用科技手段，帮助聋哑人实现“开口”说话的梦想。都说梦想是自己的，而林鹏程的梦想却是为实现他人的梦想而努力，这是一个创业者必备的时代气质，也是作为一个中国人必备的民族气质。

作为一个技术创业者，林鹏程从白手起家到小有成就，一路上饱尝了太多辛酸苦楚，我们暂且抛开他表面的风光，一起走进他的创业时空隧道，分享他的那些不为人知的秘密。

教育世家的“叛逆者”

林鹏程家中三代为教师，孜孜传道授业解惑，一块“教育世家”的牌匾至今挂在他家的大门之上。就是在这样“书香浓郁”的环境下，林鹏程认真地学习、健康快乐地成长。

由于自己的父亲是一名数学老师，所以林鹏程对数学“情有独钟”。未到上学年纪的林鹏程经常跟着父亲去学校，看到别的孩子在操场

上疯跑和踢球，林鹏程却一点都不想参与其中，因为比起嬉戏玩耍，他更愿意一头扎进数学的海洋里。比起同龄人之间的打闹，与一个个简单而又独特的阿拉伯数字较劲和斗争，更能让林鹏程感到激动和兴奋。对数学的偏爱，也是日后林鹏程走上科技创业道路的路引。

同其他家长一样，父母也会给林鹏程买各式各样的玩具，而林鹏程却只对电动车类玩具情有独钟。

林鹏程的小柜子里装满了各式各样的玩具车模型，如沙滩玩具车、木制三层滑车、遥控车、轨道小火车等。父母只知道自己的儿子喜欢车，却不知道在他们儿子的心里早已埋下一个小小的愿望——亲手做一辆四驱电动车。

小小年纪的林鹏程，为了弄清楚电动玩具车电路板构造，把家里能拆的电子设备几乎都亲自拆卸一番。弄懂电路板构造后，他便开始准备制作四驱车了。

行动总是走在思考之后，前一秒还在想着要怎么做小车，后一秒已经偷偷买来电烙铁焊接电线，甚至差点因此引发大祸。因为林鹏程使用完电烙铁后随手放在一块抹布上，由于高温，抹布被引燃了，火苗很快殃及到了卧室的门帘。好在母亲及时发现，才没有引发严重的后果。遭到一顿训斥之后，林鹏程并没有停止自己的造车计划。没有发动机，想到家中的老式录音机有发电机，就立马拆卸了下来。没有齿轮，把钟表拆卸开来。虽然因此没少挨骂，但最终凭着一股韧劲和颇具天赋的动手能力，林鹏程成为周围同龄人中唯一一个拥有自己制作的四驱车的孩子。这一年的林鹏程只有10岁。

外形并不好看的四驱车，却令林鹏程父亲感到前所未有的欣喜和骄傲。与此同时，父亲也开始说服自己接受一个现实：在这个三代为教师的家庭中，自己的儿子也许是一个另类分子，甚至有可能是“叛逆者”。

不忘初心磨练技术

从10岁的小孩子到帅气小伙，林鹏程身上发生了许多的变化，但唯一不变的是他对科技的热爱。高考结束填报志愿时，林鹏程果然没有选择传承“教育世家”的光环而走进师范院校，他报考了福州大学物理与信息工程学院的电子科学技术专业。

2010年，刚上大学的林鹏程依旧是个不折不扣的“技术宅”。所谓“技术宅”，有两种含义，一种是潜心磨练技术，将技能转化为作品，让人眼前一亮；另一种是泛指不擅长与人沟通交流的人。林鹏程属于第一种。在宿舍、教室、图书馆，都能见到林鹏程认真看书钻研技术的身影。

有了一定的理论基础，林鹏程便开始锻炼自己的动手能力了。

首先，林鹏程给自己设立了一个小目标——制作一个电子产品。

做什么呢？回想起小时候做的四驱车，林鹏程觉得可以试着做一个升级版的豪华四驱车。

得知林鹏程要做车，身边的几个同学也有点按捺不住了，借着这个机会，林鹏程马上拉拢了几个同学，组建了一个技术团队。在两个月的时间内，经过不断的研究，通过不断的修改，一辆能够自己行走的智能四驱小车诞生了。

看着儿时的梦想再一次实现，林鹏程在欣喜之余，更加自信了。

所有的成功都不是空中楼阁，每天一点的进步、每次比赛获得的小小成就，都化为了林鹏程创业成功前累积的能量。所有成功的路，永远都是曲折的，没有捷径可走，只有经历磨难，备尝艰辛，才能在崎岖的创业路上越挫越勇。

20岁初尝失败苦滋味

20岁的你，觉得世界如此美好，然而事情的真相与想象相背离；20岁的你，追求自由，也会追求一些不切实际的东西；20岁的你，缺乏自信，也容易多愁善感。在这个物欲横流的社会中，20岁时的林鹏程却耐得住寂寞，抵制得住诱惑，带着亲手制作的智能家居作品，报名参加了全国大学生电子设计大赛。

智能家居的相关产品设计在当时是一个热门设计。所谓智能家居，就是把住宅作为平台，利用综合布线技术、网络通信技术、自动控制技术、音视频技术，将家居生活中有关的设施通过互联网连接到一起，从而实现对家用电器、照明设备、防护安全等进行远程的控制，以提升家庭生活的便利和舒适感。

林鹏程以为自己看准了时代潮流，以为踏着互联网和物联化的浪潮，一定能够一举成功。就在这样的懵懵懂懂中，林鹏程再一次开始了技术尝试。

万事开头难，林鹏程踏出制作智能家居的第一步时，就遭遇了阻碍。想要弄清宿舍的电路分布，却惨遭电路维修师傅的拒绝。小伙伴们都有点气馁，但林鹏程却开始转变思路，不让看线路，就从宿舍的插座入手。

在林鹏程准备制作主体控制器的过程中，由于电源管理不当，电路模块的主要芯片经常烧坏。林鹏程为了省钱买芯片，只好节衣缩食。

对林鹏程来说，真正的困难和挫折不是没钱，更不是技术壁垒，而是失去小伙伴的支持和陪伴。

团队成员认为智能家居很难做起来，技术不成熟不说，后续也存在很多问题。而且这还要耗费大量的时间，再加上面临期末考试，大家陆续选择退出。

夜幕降临，林鹏程站在熟悉的宿舍里，看着地上铺满的电子仪器、手指上电烙铁留下的伤口，回想起和团队成员们一起工作的场景，心里十分寞落。难道所有的努力就此打住吗？

“绝对不能让它半途夭折。”林鹏程洗了一把冷水脸，看着镜子里的自己，“项目既然开始了，绝不能轻易放弃！这次的设计，也许不会成功，但是不去尝试又怎么会知道结果呢？”于是，林鹏程戴上手套，继续埋头工作起来。

一个月后，智能家居的雏形终于做出来了。这个设备体积庞大，虽然能达到远程遥控的功能，但看上去就像一个装满货物的大箱子。为了证明自己的技术成果，他带着“大箱子”报名参加了全国大学生电子设计大赛。

林鹏程站在全国大学生电子设计大赛的舞台上，激情澎湃地讲解着自己的智能家居设计理念和功能，但是评委们对林鹏程的作品并不感冒。

“这个设计不美观，集成度太低。”

“成本也相对较高。”

“这方面的设计虽然很热门，但市场的刚需并不强。”

几位评委老师直言不讳地给出了自己的意见和想法。对于林鹏程来说，评委老师的点评犹如一声声惊雷，把自己从美好的幻想中惊醒。

成大事者怎能轻言放弃

经历了挫折，历经了失败，林鹏程并没有伤心难过，而是把这些磨难当作历练，他决心要做出更好的电子产品。他扛着装有自己作品的大箱子，带着骨子里那股永不言弃的韧劲，踏上了新的创业旅程。

比赛过后，林鹏程充分认识到了自己的不足，开始更加深入地了解电子设计。功夫不负有心人，林鹏程看到了当前软件设计的缺点——由于顺序执行的设计，限制了计算机的计算处理能力。

为了解决这个问题，林鹏程把目光投向了FPGA。FPGA是一款半定制电路，能够解决高速信号处理中遇到的问题，但由于掌握FPGA不太容易，大家几乎都没有使用过。林鹏程不仅开始自学FPGA设计，还陆续做了扫频仪、函数信号发射器和其他相关设计。慢慢地，林鹏程发现，自己的设计已经可以满足非常高的精度要求了。

对技术有了进一步的掌握以后，林鹏程感觉自己打开了新世界的大门。

就是这样一点一滴的技术累积，为日后的创业成功打下了坚实的基础。

困境中斩获第一桶金

2014年，正是互联网发展的高速运转期，淘宝在中国掀起一股狂购潮，林鹏程又嗅到了商机，整理好心情，准备开始新的研发旅程——林鹏程决定在淘宝上接设计、卖方案。

林鹏程的想法再一次得到同学的支持，他迅速开启了淘宝创业的模式。淘宝店开始运营后，林鹏程在店里挂上了一个电子设计方案。

原本抱着试一试态度，却意外得到了创业的第一桶金。第一个设计方案顺利地找到了买家，接下来的时间里，又陆陆续续地卖了几十个方案，此时林鹏程和小伙伴们的手里有了一笔数目可观的资金。大家都沉浸在开店成功的快乐中，却忘了继续前进。

这次的创业惊喜，并没有持续太久。风风火火的一阵忙碌之后，林鹏程团队开始沉寂下来。客源急剧减少，淘宝小店冷清了下来。

林鹏程开始反思：“这个想法太仓促，前期如何推广，后期如何运营，没有充分考虑。电商行业知识也好，店铺建设也好，执行力的缺乏导致了现在的结果，就像任何一件曾经立志要做成最后却夭折的事情一样，一开始的势头之猛，再后来却没了下文。”

死灰复燃，涅槃重生

2015年，智能终端正在蓬勃发展的时期。快速发展的智能终端，配合着日益庞大的网络用户群体，林鹏程认为，“在这个方向上去创业，一定有着无限的发展前景，庞大的潜在客户群就是创业发展的基石。”

哪里有需求，哪里就有市场；哪里有客户群，哪里就有创业希望。林鹏程萌生了做一个社区互助型APP的想法，并取名为“携手APP”，是一款基于位置服务的社交互助平台。

在现实生活中，每个人都会遇到各种各样的问题，当你需要帮助时，总希望有好心人伸出援手。林鹏程设计“携手APP”的理念就是——让有爱心之人能将真正的善意落到实处。怎么能够让爱心落到实处呢？

当用户寻求帮助的时候，只需要在平台上提出疑问，并贴上相关的标签后进行发布，就能够获得专业人士的解答。也就是说，系统后台通过将问题与附近符合条件的其他用户进行匹配，寻找拥有相关技能的人来回答问题。

看准了时机，抓住了商机，林鹏程相信这一次必定大获成功，却没料到项目最终夭折了。失败原因有很多，主要是缺乏对市场需求的详细调查，这类APP的刚需性不强。与同类产品比较，携手APP放到市场中，并没有取得很好的业绩。

置之死地而后生，每一次失败都意味着离成功更进一步，总结每一次失败经验，才能成长蜕变，最终得以凤凰涅槃。两次短暂的创业失败经历，使得林鹏程身心俱疲。

为了给自己调整和思考的时间，林鹏程去了海边散心。一边看着无边无际的海洋，一边盘问着自己：“当初天真地以为，有新技术、新创意就意味着能创业成功，现在看来，无法落地的产品、缺乏执行力的产品是无法铸就成功的，怎么办？”林鹏程心里的答案是：提升自己的技术，打造一款真正为大众所接受的好产品。

原地崛起，照亮创业路

就像厄尔尼诺引起了倒春寒的天气现象，一场手语比赛把林鹏程引向了正确的创业道路。2015年末，林鹏程考上了福州大学研究生。学习的闲暇之余，林鹏程喜欢各种比赛。有一次，他观看了由各学院组织的手语比赛。舞台上演员们的动作优雅美观，十分赏心悦目。

欣赏之余，林鹏程发现，手语舞蹈的确好看，但手语烦琐复杂，普通人如果不借助大屏幕上的字幕，根本无法理解手语舞蹈所要传达的意思。

想到这里，林鹏程也如牛顿一般，被命中注定的“苹果”砸中了脑袋。林鹏程的思维开始飞速旋转，赶忙在手机里搜索聋哑人相关的数据：“全国有超过2780万的听障人士，其中43.2%的听障群体因为沟通存在生活障碍，而每年甚至有315万听障人士因为沟通障碍未能得到及时救治。”

看完惊人的数据，林鹏程发出一声感慨：“如果有这样一个设备，能够帮助聋哑人像普通人一样进行日常的沟通，甚至是帮助他们利用手语发声，那该多好啊！”就在这一瞬间，林鹏程的创业热情被点燃了。

林鹏程还有一种预感，这次创业将会不一样。他吸取失败经验，进行了详细的市场调研。

根据调研的数据结果，林鹏程设计出了一个新方案：发明一副能发声的手套。这个手套的作用就是，将聋哑人的手语解读出来，即通过“手语发声”的方式，让人们听见聋哑人的心声。

林鹏程确定方案后，立马进入制作成品阶段。大到基本的电路设计，小到芯片的选型和焊接，林鹏程都亲力亲为。在电路设计开始时，林鹏程首先要解决的是接口问题。因为接口的设计，对整个设备的外形和大小有重要的影响。为此，林鹏程做了好几个版本的接口，经过不断地尝试，终于设计出了最合适的那个。

硬件方面完成后，林鹏程认为是时候考虑软件的部分了。手套算法决定识别手语的精确度，而精确度的高低决定了手套质量的高低。为了得到手套的最佳算法，林鹏程不分昼夜地工作。每次工作的内容，都是先将电路与手套缝合好以后，林鹏程一边戴上手套打着手语，一边调试精确度。这个过程看似简单，其实纷繁复杂。可能只比划了两个动作，就需要林鹏程将手套摘下来重新调试参数，调好后再戴上手套继续进行试验。

经过上千次的试验之后，林鹏程的第一代聋哑人社交手套新鲜出炉了。虽然这副手套能够识别的词汇十分有限，但是却具有划时代的意义。林鹏程为第一代手套命名为“E-chat”。恰逢挑战杯赛事开展，林鹏程拉上自己淘宝店的小伙伴一起报名了挑战杯的比赛。

林鹏程在比赛中极力说明自己的作品在技术上的先进性，但评委摇摇头说：“我们不看技术，我们只看这东西有没有使用的价值、好不好用、美不美观。”

一句话点醒梦中人，比赛后林鹏程重新审视自己，开始总结自身的不足之处。最大的领悟和反思就是：在多年的校园生活中，林鹏程感觉到自己的设计有点故步自封。例如：设计总是只从技术层面入手，而产品设计不能更好地为社会服务。

林鹏程觉得在设计过程中，需要将足够的社会因素考虑在内，否则设计的作品将一无是处。基于这样的设计理念，林鹏程开始整理产品新思路了。

首先，要解决手套上裸露的电路板的设计问题，解决方向就是不仅要精简，还要隐藏；其次，手套的携带问题也亟待解决；再者，偶尔出现的系统失灵问题需要处理，因为失灵会极大影响稳定性。

除此之外，亟待林鹏程修正的问题还有很多，例如：手套的词汇库需要扩充；手套对手语识别的精确度还要提升；手套的外观需要美化……

一个个问题接二连三地从脑袋里跳出来后，林鹏程明白了，比赛成果带来的喜悦是暂时的，熬夜的实验室生活还要继续。不过，有了小伙伴的加入，不仅凌晨回宿舍的道路不再孤单，林鹏程创业道路也逐渐明朗。

挺进三亚，创业起步

2016年4月，福州花海公园的油菜花盛开了，站在高处放眼望去，大地仿佛铺上了一层金色的地毯。就在那个花开满天的浪漫季节里，升级版聋哑人社交手套诞生了。

新版手套的各方面性能都有了显著提升。不仅手语词库大幅增加，识别手语的精确度也提高不少。为了测试新版手套的性能反馈，林鹏程报名参加了2016年在海南三亚举办的微软创新杯比赛。

尽管林鹏程没有想要得到什么名次，新版的E-chat聋哑人社交手套却获得了微软创新杯的特等奖。收获到意外惊喜的林鹏程，第一时间打电话给父亲，告诉父亲这个好消息，分享自己喜悦。

团队成员也都兴奋得睡不着觉，叽叽喳喳地聊了一晚上，林鹏程也是一夜未眠。一个特等奖的奖杯的意义，对林鹏程来说无疑是深刻的。这种深刻的意义，不是来自于产品得到的肯定，而是真正的创业即将起步。

与其他国内名校的同学站在同一颁奖典礼上，林鹏程自豪地举着精致的奖杯，小伙伴们拿着一万元奖金的牌子。那一刻，林鹏程鼻子一酸，强忍着想要流泪的感觉，心里不断地鼓励自己，“不管未来如何，所有的辛苦都将是值得的。”

在第二天的产品展示交流会上，微软中国区负责人参观了E-chat聋哑人社交手套的使用及功能演示，表现出了极大的兴趣。负责人赞许的眼光，让林鹏程更加自信。

这次成功，是林鹏程创业成功的良好开端，还是另一次的昙花一现呢？创业这条路走到现在，林鹏程深深体会到创业的不易与艰辛。

失败，成功，再失败，再成功，林鹏程已经习惯了创业路上的起起伏伏，他的焦点永远不在那些虚荣的东西上，而是永远盯着产品，哪里不好就改哪里，哪里有欠缺就补哪里。现在的林鹏程已经不惧风雨，就算遇到再大的困难，他也能临危不惧。

天降大任，从头再来

E-chat聋哑人社交手套的名气越来越高。就在所有人都赞叹设备集成度如此之高、使用如此方便之时，林鹏程却有着深深的担忧：未经落地投放的产品，容易陷入故地自封的困境。怎么办呢？

一个真正为聋哑人而服务的产品，就应该站在聋哑人的角度去设计和思考。经过一番激烈的讨论过后，林鹏程团队决定带着手套去聋哑人学校，让真正的用户群佩戴使用。

聋哑人学校一行，给了正得意洋洋的林鹏程团队当头一棒，本以为十分完善的手套设计，在这里几乎全被推翻。此时，林鹏程需要做的就是“对症下药”。

首先，最明显的设计失误就是左右手的问题。林鹏程的产品以左手动作为主，而到了聋哑学校才发现，聋哑人打手语以右手为主。将左右手整体硬件软件设计进行调换，将会是一个令人头疼的大工程。

第二个问题出现在信息反馈方面。E-chat社交手套是将手语翻译成语音，但在翻译的过程中，出现了一些问题，如手势偏差、传输卡顿等。一旦出现这些问题，就导致手套翻译时信息输出有误。

除了发现手套存在的不足，还有一个惊讶的发现——聋哑人打手语的速度又快又流畅。这就要求林鹏程的E-chat聋哑人社交手套，在提高手语识别速度的同时，还要保证翻译精确度。

林鹏程还敏锐地察觉到一个新的需求：聋哑人需要一个平台反馈，看看自己要表达的信息是否被正确地传达。为解决这个问题，林鹏程想出了一套方案，就是在手套的基础上添加一个手机APP。将社交手套识别到的信息及时传达出去，以文字的模式显示在APP界面上，如此一来，聋哑人就能看到自己的信息是否被正确传达。

一趟聋哑人学校的实践参观，给林鹏程带来了无尽的想法和创意，但真正感动到林鹏程的是一个小女孩。

在给学校同学演示的时候，小女孩笑着主动举手，尝试用手套跟林鹏程交流。林鹏程发现，手套的使用打破了自己的担心，这些聋哑人十分活泼开朗。活动结束后，看到小女孩转身离开，林鹏程特意追了上去，跟她比了个“谢谢”“再见”的手势，小女孩笑着回了礼。

这个小女孩的出现，让林鹏程感觉到聋哑人的善良和温暖，也开始担心小女孩的未来。也许女孩有着无穷的创造力，对成功充满渴望，对生活充满了热情和希望；也许女孩像其他聋哑人一样，有着比常人更加集中的注意力，也许女孩在绘画、设计等方面都天赋异禀，手工更是精细到炉火纯青的地步；也可能改变不了女孩长大后找不到一份好工作的事实，因为大多数公司依然不愿聘请聋哑人。由于沟通方面的障碍，即使十分优秀的聋哑人，在求职的过程中也会屡屡碰壁，企业表示无法聘请一个与其他员工无任何交流的聋哑员工。

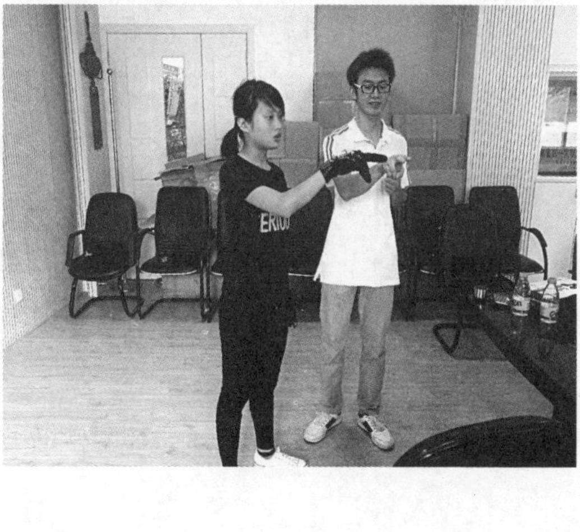

一想到一群可爱的人却要在夹缝中求生存，林鹏程感到心疼，感到无奈，觉得自己没有理由不做些什么。

从聋哑学校归来后，林鹏程埋头在实验室改造自己的产品。经过了几个深夜的奋战，林鹏程对手语的认识发生了巨变，从一无所知到流畅使用手语。林鹏程一边做着手语，一边盯着电脑中跳动的参数，一遍一遍地仔细调试。

在设计上，林鹏程更多地加入了社会因素。尽管E-chat手套在比赛中获得了许多赞赏，可林鹏程知道技术优势不是重点，“这是个服务型产品，重要的是它的价值，它的实用性。”

衡量一个人的价值，不是他的身价，不是他的资产，而是他灵魂的重量。马云为千万人解决生意难做的问题，马化腾方便了亿万人沟通交流问题。如今，林鹏程将解决几千年以来聋哑人的沟通障碍问题，这是一个时代进步的意义，这是历史前进的福利，这是时代造就的英雄。

创出我要的未来

2016年10月，林鹏程带着自己的队员，捧着经过无数次改进的E-chat手套，再一次出发，踏上了前往中国第二届“互联网+”大学生创新创业大赛的征途。

武汉下着淅淅沥沥的小雨，阴雨天气总让人昏昏欲睡。林鹏程和小伙伴们却起了个大早，匆匆赶赴赛场。虽然有过参赛经验，但这是最新版手套接受的第一次检验，林鹏程心里还是十分紧张。

在项目展示和讲解环节，林鹏程演示的非常顺利，到了评委提问环节，林鹏程的回答也十分流畅。直到其中一位评委提问“是否能做个产品功能演示”，林鹏程知道评委的言外之意，就是展示手套实时手语翻译的功能，这个问题的实质就是想知道手套的真实性能。

同样的要求，在以往林鹏程参加的比赛中也被问过。但那时候的林鹏程面露难色，因为最初的手套词汇量十分匮乏，加上还未提升的精确度，这样的要求难以顺利完成。

但在此刻，手套不一样了，林鹏程也不一样了。戴着新版E-chat聋哑人社

交手套，自信满满的林鹏程走到台中央，做完每一个评委所说句子对应的手语动作，同时，手套也完美地识别和发声。

当林鹏程顺利地完成了比赛的所有环节后，全场掌声雷动，持续不断。林鹏程深深鞠了一躬，不仅是对评委表示敬意，也是对观众表示感谢，更是对这一路以来不断努力、不断追求完美的自己致以深深的谢意。

就在所有人都为自己欢呼鼓舞的时刻，林鹏程的脑海中快速地闪过了一幅又一幅的画面：第一次智能家居创业，评委摇头的神情；淘宝店无人问津，伙伴每次打开店铺页面又默默关上时眼里的失落；社区互助APP石沉大海时，大家低着头、落寞的神情；聋哑人社交手套第一次获得成功时，大家满脸欣喜的笑容；无数次挑灯夜战改进产品时，实验室明亮的灯光；独自行走寒夜时，抬头望见的那一轮清冷月光……

也就在这一刻，林鹏程鼻子一酸，热泪盈眶，多次失败都没有流过一滴眼泪，现在更要坚强。那些年吃过的所有苦、受的累、流的汗都没有白费，这些是林鹏程创业成功路上的基石。

获奖公告的金奖名单里，出现了林鹏程的E-chat聋哑人社交手套。与此同时，多达十几家风投向林鹏程伸出橄榄枝。一个金奖带来另一个金奖，在中国梦想工厂青年科技创新创业大赛的比赛上，E-chat聋哑人社交手套获得了金奖以及四家公司风投意向。

“鹏程”是个大众又普遍的名字，但是林鹏程没有被平凡打败，他正在努力寻找人生意义，通过自己的努力拼搏，创造属于自己的人生价值。

林鹏程的人生价值，贵在坚持。他坚持爱好，选择了电子科学技术专业；他坚持思考，用创意开辟了一片新的天地；他坚持前行，让中国科技走在了世界前沿。在良师益友的陪伴下，林鹏程还有一程又一程的创业路要走。

在创业路上，林鹏程收获了一些鲜花和掌声，但他向往的永远是未来更宽广的天空。从技术宅到创客再到科技达人的蜕变，林鹏程的职涯大门刚刚打开，他的创业故事仍在继续。毫无疑问，无论未来有多遥远，无论创业前方有多少坎坷，林鹏程会一直秉持着自己的创业信念——“创出我未来”。

创业导师点评

程树英

E-chat聋哑人社交手套项目的最初想法来源于林鹏程同学在校内观看手语比赛的一次经历。无声的语言中包含着丰富的情感，但由于手语普及的程度较低，普通人大多无法了解聋哑人这一特殊人群的具体想法和内心世界。如何让聋哑人与正常人的直接沟通，这一想法一直萦绕在林鹏程的脑海里，他在与我多次沟通后，表示希望研发一款用于聋哑人与正常人交流的智能社交手套，我当时就觉得这个想法非常好，鼓励他大胆地开展工作，作为他的硕士导师，我一定会在技术指导、实验条件和经费等方面给予他全方位的支持。

最终，他选定E-chat聋哑人社交手套作为他硕士论文的题目，并决定参加“互联网+”大学生创新创业大赛，并在校内组建了创业团队。

聋哑人社交手套是一种用于实现聋哑人与正常人之间交流的设备，具体是通过手语识别技术将手语转化为正常人所理解的语音信息输出，同时通过语音识别技术将语音转化为聋哑人所理解的手语信息。该项目的难点主要有两个：(1)手语识别算法；(2)词库的建立。

首先，针对手语识别技术，通过采用深度学习的算法，其精度和可靠性得到很大的提高。目前E-chat智能社交手套已经可以实现手语和语音的迅速转化，翻译精准度达81%。这也是本项目的最大创新点，为此项目申请了三件专利。

其次，在词库的建立上，在满足听障人日常基本生活的1120个手语中，E-chat智能社交手套开发的手语数据库已达546个，可以满足听障人简单的日常沟通交流。

智能社交手套主要的服务对象是聋哑人。聋哑人是社会的一个弱势群体，目前世界有约7000万的聋哑人，他们处于社会的边缘，无法在诸多领域担任工作，原因是他们与正常人之间的交流存在问题，即正常人无法理解手语代表的意义，聋哑人无法获取正常人语音所代表的意义。该项目比较好地解决聋哑人与普通人的正常交流问题。该项目具有很好的公益性，希望得到社会各界的重视。

本项目的成功，除了项目本身的关键核心技术，也离不开创业团队成员的积极配合和共同努力，以及学校和学院的有关领导和老师的鼎力支持。这样一个优秀的项目，不应仅停留于比赛，学校以及社会各界也应为团队提供更多的支持和帮助，促进项目真正落地，实实在在地为聋哑人这样的弱势群体谋福利。

本校双创教育

陈少平　福州大学党委副书记、研究员

长期以来，福州大学坚持走区域特色的创业型大学强校之路，确立了“创业型东南强校”的办学理念，构建全方位、融入式、分阶段、分类型的高水平人才培养新体系，致力于培养富有创新创业精神、具备扎实专业知识能力、能够引领产业发展的创业型人才。学校不断深化创新创业教育改革，凝练出了以价值观培育、区域化定位、双师型教师、系统化课程、科技型引领、多元化实践、开放型资源、创业型文化“八驱动”模块为核心的创新创业教育模式。学校在省内率先成立创业型研究院和创业学院，精心打造“5+5+5”创新创业实践育人平台，即“五大学生创新实践平台+五大校内创业实践平台+五十家校外创新创业教育实践基地”，积极实践“精准扶贫+志愿服务+公益创业”新模式。通过课程教学、创新训练、创业实践、创业大赛等，培养学生的创新思维、创业精神和实践能力。

目前，福州大学学生创业项目获各类投资已达17 290万元。学校荣获“全国首批深化创新创业教育改革示范高校”、“全国高校毕业生就业工作50强”、两届蝉联中国“互联网+”大学生创新创业大赛“集体奖”等多项荣誉。学校创业孵化基地获评全国大学生创业示范园、省级和市级众创空间、省级高校毕业生创业孵化基地等。学校多次受邀在教育部高教司、国家行政学院做经验交流。

“凡是预则立，不预则废”，创业不是鲁莽的追逐与打拼，而是需要明确的大目标与小目标，博观而约取，厚积而薄发。“前事不忘，后事之师”，创业过程是实战积累、经验消化的过程，以量变蜕化为质变。“艰难困苦，玉汝于成”，要面对身边事的观察探索，面对诱惑时的脚踏实地，面对挫折时的咬牙坚持。敢于迎难而上，不屈不挠，才能百炼成钢。“路漫漫其修远兮，吾将上下而求索”，林鹏程创业收获了初步成功，然而，更宽广的道路还在前方等待着他。“长风破浪会有时”，大学生创业路上，唯有坚持梦想，辛勤付出，不忘初心，方能始终。

教育专家点评

李华龙　兰州大学团委书记

林鹏程同学将对电子设计的兴趣爱好转化为科技创新的突破口，将学习研究的成果应用到致力于聋哑人社交的创业项目，他的故事是大学生在创新创业中增长智慧才干、在艰苦奋斗中锤炼意志品质的典型代表，也展示了当代青年关注社会弱势群体，在创新创业中服务社会的责任与担当。对于我们在工作中激发青年学生的科研兴趣，培养创新创业意识，搭建学校产学研协同育人平台，坚持“立德树人”培养拔尖创新人才具有一定的借鉴意义。

每一次失败都是考验，每一步错误都是修行

——“民俗先锋”张茜的创业故事

她因为卖花被人怜悯；她因摆地摊被人误解；她因手绘结缘民俗文化；她因坚持成就了今天的事业。她正在通往梦想之路上，艰难跋涉；她正在原创与民俗的历史中，书写传奇；在创业人生路上，她正走出一条不寻常的创业之路。她就是张茜。

创业元年，她失败了

在2014夏季达沃斯论坛上，国务院总理李克强表示，要在960万平方公里土地上掀起大众创业、草根创业新浪潮。教育部2014年12月下发通知，支持在校学生休学创业，并要求各地高校加大支持大学生自主创业的力度。于是，2014年被誉为“中国创业元年”。从国家层面角度讲，创业最好的时代已然来临。

尤其是在“大众创新、万众创业”的号召下，创业成为越来越多年轻人开拓事业的新途径。张茜就是这支创业大军中的普通一员。

高中毕业，张茜的父母就表明了态度，无论张茜想要做任何事，只要是有意义、有价值的，定会全力支持。但是，张茜认为，既然已经是大学生，已经是成年人，尤其是在创业热潮的时代背景下，自己应该学会独立，也应该去做一份属于自己的事业，承担起一份责任。因此，瞒着父母，张茜“偷偷”地开始了第一次创业之旅。

2014年，当时的张茜正上大二，这一年，通过自己的努力，张茜已经在学校担任院团委委员和院团委宣传部部长的职务，在组织和参与社团活动

的过程中，她很好地锻炼了自己的领导能力，并为以后创立公司打下了坚实的基础。

在这期间，张茜也渐渐地喜欢上了手绘作品，并开始自学平面设计。

而此时的学校正好组织了一次手绘作品展，张茜也带着自己的作品参加了展览。正是在这一次展览的准备过程中，让张茜对原创艺术有了新认识。

展示的作品需要手绘在空白物品上，如瓷器、陶器、木器、布艺等，只要你能想到的地方，都可以进行手绘。目前的手绘已经不再单单停留在电脑设计的效果图上。而这次的展览活动，也让她脑洞大开，并有了将民俗与现代结合起来做适合大众手绘产品的想法。

展览结束后，张茜用手机拍摄了几张自己的手绘作品图放在朋友圈，并调侃道：“谁要买，自己报价，价高者得。”万万没想到，真的有人开始竞价购买，其中的一个手绘钱包甚至以两百多元钱的价格成交。尝到甜头的张茜又陆续地推出了几个手绘作品竞拍，成交的价格都远远超出了她的预期。

一个十元钱成本的钱包，经过手绘后可以增值十几倍，这让张茜高兴坏了，“如果批量多做一些，说不定自己还能开一家手绘店，做一个大老板呢。”

有了思路的张茜，并没有停留在臆想的阶段，她开始准备大干一番了。

考虑到自己既要手绘产品，又要进行产品的销售，一个人根本忙不过来，所以她便招揽了几个朋友一起加入。大家分工明确，做手绘的就专门研究手绘相关的技术，做销售的就研究目前的销售市场，负责采购的就负责研究手绘产品的挑选。张茜的手绘生意做得越来越火。

就在自己的小生意打算再上一个台阶的时候，让张茜没有想到的是，团队中有人打起了退堂鼓。毕竟大家都还是学生，学业还是要放到第一位的。另外，由于工作压力大，有些人也开始吃不消了。

除此之外，张茜认为根本的原因还是时间。要知道手绘产品之所以能卖高价，就在于它的独一无二性和不可复制性。比如为了一个手绘的订单，张茜团队可能需要花费一周甚至更长的时间才能做出一个满意的作品。

这时的张茜甚至开始怀疑自己，设计一个产品，尽管看上去增值的部分很是诱人，但是过程中的时间成本难道真的就不需考虑了吗？

俗话说："人心齐，泰山移。"如果连张茜的心都开始动摇，那么这件事情也就注定距离失败不远了。

果不其然，张茜的这一次创业失败了。但是这次的失败，张茜知道并不是自己的产品没有竞争力，也不是产品没有市场，而是自己在团队建设上没有考虑周到。比如团队成员的时间分配问题，物料的成本问题等。所以，张茜对手绘作品未来的市场前景依然保持着乐观的心态，而她自己也下定决心：一定会重头再来。

(手绘包)

没有经历过悲伤的人，不会懂得真正的快乐，没有经历过苦痛的人，不会懂得真正的甜蜜。品尝过失败滋味的张茜，一直在寻找下一次机会，等待着下一个机遇。

创业，要考虑的因素有很多，如时间、资金、地域、产品、团队，技术等。而张茜之所以这样敢做敢干，与其过去的生活环境是分不开的。

努力的女孩运气不会差

“穷养儿，富养女”是父母对子女进行教育参考的“古训”，而张茜的父母却认为女孩也应该“穷养”，因为这样才能磨砺她的性格。而父母有这样的育儿态度，也可能与张茜出身军人家庭有关。

张茜没有辜负家人对自己的期望，在父母和家人的影响下，张茜养成了果敢、独立的性格。而这种性格，也为她今天的创业奠定了基础。

小学时候的张茜，实际上就开始有了生意人的头脑，当同龄的孩子在报名参加各种课外班的时候，张茜已经开始了她的“小生意”。

记得那几年，每逢情人节的时候，张茜都会去当地的批发市场采购一些玫瑰花，简单处理包装后，走到繁华的街道售卖。行人看到张茜稚嫩的小脸蛋，还以为她家境贫苦，所以小小的年纪还要出来赚钱。“大家买我的花，更多的是出于这种心理。”张茜说。在卖花的过程中，甚至有不少人解囊相助，把钱塞给张茜就离身而去。但张茜却觉得这不是她的目的，自己并不是想通过卖花去赚多少钱，只是想锻炼一下自己，所以凡是给她钱的，她全部给退了回去。

2007年，张茜顺利地成为一名初中生。同龄人在课下讨论综艺节目里哪个明星的时候，张茜想到的还是她的“小生意”。

上街卖玫瑰花，受季节影响很大，而且也有些风险。因为玫瑰花如果当天卖不完，就等于全部砸在自己手里了，所以这不是一件适合长时间做下去的生意。那做什么呢？张茜想到了摆摊卖小饰品。至少能囤货，卖上几个月也不用担心。

在摆地摊的过程中，张茜还闹出过一个笑话。在批发市场，很多的叔叔、阿姨以为张茜是被拐卖来的孩子。大家觉得，没有哪个父母会舍得让十几岁的孩子去做小生意。不过张茜也没有把这事向这些人说明，正应了那句话：走自己的路，让别人去说吧。“不过要是让自己父母听到这句话，不知道他们会是啥感觉。”张茜说道。

初中即将毕业的时候，父母开始担心张茜的学业问题了，再怎么“穷养女”，也不能把学业荒废了，尽管张茜的学习成绩並不差。

为了让父母放心，也为了自己将来能够考一个好大学，张茜同父母来了个“约法三章”，其中最主要的一条就是张茜从现在到上大学前，不再做任何小生意。

2013年，张茜顺利考入广东女子职业技术学院的应用设计系电脑艺术设计(国际商业美术)专业。经过一年的理论学习，张茜有了一定的平面设计基础，由于不用再受“约法三章”的约束，她又开始琢磨去做点事情了。

有了想法还不够，还需要建设一个团队，张茜开始寻找自己的最佳拍档。经过认真筛选，发现一个朋友也很喜欢设计，经过探讨后，她的朋友也觉得可以试一试。小的设计工作室就此开张了，尽管没有办公场地。

她把目标瞄向了汽车4S店和商场，因为这两个行业会经常组织一些宣传活动，有活动就会有宣传彩页和海报的设计需求。于是，她俩只要有时间，就穿梭在汽车4S店与商场之间。

记得第一次去某品牌4S店时，负责人不在，只好现场打电话约了第二次见面。第二次去的时候，负责人也只是草草地说了两句话就走开了。第三次去的时候，负责人终于被张茜的坚持打动了。两个人聊了起来，而且聊得很投缘。不出所料，张茜很顺利地谈成了第一单业务。

过了几天，张茜带着精心做好的设计方案，找到该4S店的负责人。对方看完设计后，大吃一惊，没想到一个“黄毛丫头”居然有这样的本领，把自己公司的海报和宣传品来了个360度的大转变，而且设计的思路和色彩也大大超出预期。负责人很满意张茜的设计，并把4S店的其他产品设计工作交给了张茜。

有了这次的顺利接单，张茜开始从平面设计入手，把自己的设计理念融入实践，并坚信，既然自己选择了设计的专业，可能未来也就与设计分不开了。

可是现实是残酷的，毕竟是在校大学生，想法再奇特，毕竟缺少社会的实战经验，再加上市场也不成熟，还没等毕业季的到来，张茜就与合作的小伙伴分道扬镳了。而这个还未来得及注册的工作室就像一场梦，在她的脑海里久久盘旋，现实好像在提醒她，该醒醒了！创业，就是人生的一次蜕变。不经历风雨，又怎么能看见彩虹呢？第一次创业就遭受了失败，张茜还会继续坚持走下去。

因为张茜一直相信“努力的女孩，运气一定不会差”。

用奖学金创业

苏格拉底说：“世界上最快乐的事，莫过于为理想而奋斗。”张茜把这句名言深深地记在心里。大三的张茜，本以为自己的梦想就是走进大学校门那一刻所许下的愿望——成为一名优秀的设计师。当遇到惺惺相惜的人时，她才知道自己真正的梦想是什么。

在学校，进入大三第一个学期，也就意味着即将进入了实习阶段。张茜和其他同学一样，怀揣着成为优秀设计师的梦想，走进社会。但是却发现现实和梦想之间，有一条无法跨越的鸿沟。

要成为一名优秀的设计师，可不是一朝一夕就能实现的。而自己读书的目的难道真的就是为了得到一份踏实安稳的工作吗？张茜不断地做思想斗争。在这个过程中，张茜遇到了后来创业的合伙人刘璐霖。

两人在实习期间相识，在相互交流的过程中说起了曾经的往事。结果越聊越兴奋，越聊越投机，越聊越觉得彼此之间有着太多的吸引之处。但是，张茜认为，她说的人与人之间的吸引，不是因为相似，而是因为不同。就像磁铁一样，只有正负才能相互吸引。正是张茜与刘璐霖的出身不同、性格不同、价值观不同，才走到了一起。

“我们一起做个工作室吧？”张茜把在心里想了许久的想法告诉了刘璐霖，没想到马上得到了对方的积极响应。

当时刘璐霖在广州已经开始了实习，张茜自己在深圳也找到了工作单位。两个人如果想要工作和创业两不误，最好的办法就是给自己的工作室找一个“CEO”。这样两个人就可以边工作边创业了，可是创业的资金从哪儿来呢?

“用奖学金来创业！”张茜说道。张茜和刘璐霖是国家奖学金和优秀三好学生的获得者，用奖学金来创业，可以说真正地把钱用到了刀刃上。

理想很丰满，现实很骨感。一间小房子两个月的租金，一台打印机，两个人的奖学金刚好用完。还好每个人都有电脑，如果再配置其他硬件设施，就要动员家人或者去贷款解决了。

为了生存，她们选择了先就业。很快，张茜和刘璐霖都找到合适的工作。只不过张茜在深圳，刘璐霖在广州。而且为了她们共同的事业，刘璐霖开始了白天上班、晚上创业的生活，虽说有些辛苦，她们却觉得这样的生活很充实，也很快乐。

入职后的两个人也慢慢地进入“正轨”，直到有一天，张茜接到了刘璐霖的一个电话：我辞职了，我回来了。

而此时的张茜知道，自己也是时候放下一切顾虑，把全部精力投入到创业项目中来了。

度过最难熬的时刻

工作室成立了，看似顺风顺水的过程，其实面临着最大的难题——订单。

自己为什么不向学校寻求帮助呢？开一家打印和设计相结合的工作室，

在学校的支持下，工作室开业

这样一来，既能物尽其用，还能增加收入，一举两得。

学校听说了她们创业的事情，给予了一间工作室作为支持。除了开始以学院文化作为产品设计的试验之外，张茜和刘璐霖又投入了一些资金，购置了一些二手的专业设备。

世界上没有一条完全平坦的道路。二手设备纵然能够省下不少资金，却带来了不少麻烦，最麻烦的事情就是设备的维修。

为了解决这个问题，张茜最初寻求专业维修人员的帮助，但是小的问题人家可以上门提供维修的服务，大问题就需要把机器拉回去进行修理。为了节省机器运输的费用，张茜每次都是和刘璐霖找一辆拉货车自己送过去。

记得第一次把机器拉到厂家修理的时候，由于机器是找厂家老板买的，厂家的员工并不知情。因此，员工对张茜十分防备，以为张茜是故意来找茬的女骗子。

“老板在吗？”

“找老板有什么事？”一个留着板寸的年轻人询问道。

“我们在你们这里买的机器坏了，需要维修。”张茜说道。

“在我们这里买的？看样子不是我们这里的机器啊？你们是不是来这里敲诈来了！”那个年轻人的眼神中顿时变得充满了匪气。

“敲诈？你觉得我们两个小姑娘能敲诈你什么？我还是给你老板打电话吧，他来了你就知道了。”张茜虽然很生气，很气愤，但还是拿出手机，把电话拨了过去。

那个老板等了一会儿才接电话，回应说十分钟就能赶过来。张茜看着那些维修师傅们全部盯着她们俩，似乎在他们眼里，她俩真的就是骗子。

十分钟后，老板开车过来了，下车后，吩咐一个维修师傅马上对机器进行维修。而那个留板寸的年轻人，看到老板都派人开始维修了，也就沉默不言了。

看到张茜阴沉的脸，老板也连忙给张茜道歉：“实在很抱歉，都怪我没有跟手下的人说清楚，才导致了一场误会。”

张茜听到了老板的话，心里才渐渐平静下来。刘璐霖这时也拉了拉张茜的手，示意她就这样算了吧，把机器给修好就行了。张茜心里也明白，她们毕竟不是本地人，而且又是两个女孩子，犯不上去跟他们怄气，只能接受这样的结果了。

而心细的张茜和刘璐霖在修理工拆卸机器的时候，一直守在旁边，她们并不是不放心人家的技术问题，而是想“偷师”学艺，日后机器再出现小的问题，自己就可以动手解决了。

就这样，她们用打印的盈利来维持工作室的发展，创业又一次开始了。

成立公司，谋求更大的发展

为了谋求更进一步的发展，2016年9月1日，张茜和刘璐霖成立了广州玓尔文化艺术有限公司，在“把最好的东西呈现给客户”的理念指引下，她们把业务的重点放在了原创设计与民俗文化上。

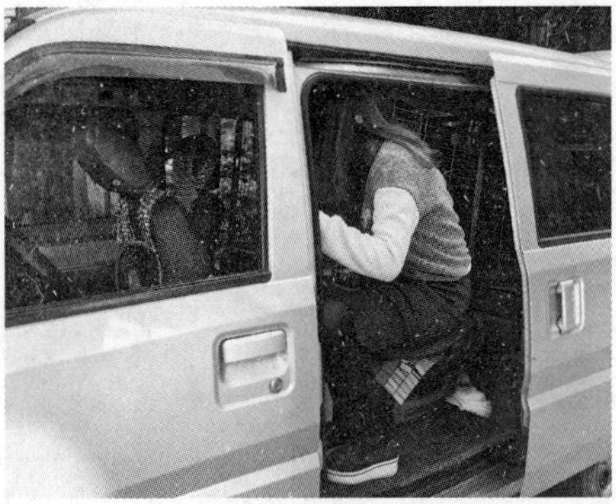
搬运机器

公司的成立并不是困境的结束，而是一个新困境的开始。

实际上，张茜在创立公司时，曾经因为父母的反对，差一点就要放弃。不过，经过学校老师帮忙做工作，父母最终同意了张茜的想法。

至于新公司的业务和未来的发展，经过张茜和团队成员的商议，决定先从企业文化入手，将工作室与公司进行互联互通，然后再一步步把公司做大做强。

失败是成功之母。张茜认真总结之前的经验教训，并进行新的规划。摆在张茜面前的有三大急需解决的问题：第一，自身能力；第二，资金；第三，团队建设。

“找到一些志同道合的人，其实很容易。但难的是，让他们心甘情愿地加入团队，和自己一起努力奋斗。”张茜回想起上一次创业失败的心痛经历时说道。

有了先前工作室的资金积累，资金问题不是很大。但张茜明白要把玓尔文化发展起来的话，团队建设是十分重要的。她自然也清楚玓尔文化所做的产业不是一个主流的行业，能不能创业成功还不知道。为了组建起一个优秀的团队，张茜做了不少努力。

就如世界上没有两片相同的叶子，每个人的想法也各不相同。正因为想法不同，终极目标也会有所不同。没办法用意念控制他人，张茜只能用毅力。尽自己最大的努力，去创造一个理想的工作环境，让更多的人认同自己的创业理念和发展理念。这样大家才能够团结一心，共同描绘和实现一个属于自己的美好未来。

但在实践过程中，张茜的团队建设经历可谓一波三折。

工作室方面的业务已经基本成熟，张茜和刘璐霖一合计，决定在工作室进行平面设计的相关培训，这样既可以为学校提供一些就业技能提升服务，以报答学校在工作室和公司成立过程中提供的帮助和支持，又可以为公司挑选适合的团队成员。

每当新的实习生想去加入“玓尔文化”时，或者已经决定加入时，张茜对他们的培训都从理念开始。换句话说，张茜的团队建设，是从员工追求的东西开始的。无论经验有多丰富，不管能力有多强，团队理念的认可是第一位的。

在公司运营过程中，张茜发现这个行业存在的一个弊端，那就是地域性的问题。想要发展，必须打破地域限制。

当前打破地域限制最好的办法就是联合，联合其他地方的类似公司，资源互补，相互发展。

张茜的创业梦，究竟能走多远呢？或许，正如一首诗所说，“既然选择了远方，就只有风雨兼程。”

天道酬勤，商道酬信

越勤奋越幸运，越诚信越容易抓住商机。在张茜和团队的不懈努力下，“玓尔文化”的业务量开始有了跨越式的发展。

2016年11月，公司迎来一个新的项目——一家儿童艺术培训机构的室内软装设计。接到订单的张茜十分开心，团队成员也跃跃欲试。

经过几个小时的头脑风暴，张茜团队有了一个设计思路，这里面最重要的就是要在幼儿园的操场上做一颗直径近1米、高3米的模型树，这棵树的结构是通过其他材料制作，最后贴上仿真的树皮。

方案经过不断的讨论、不断的修改，终于得到了甲方的认可。

团队聚餐，毕业照

进场施工的头一天，张茜去现场实地勘察。不看不知道，一看吓一跳。原本方案中的模型树是最大的亮点，但是方案中模型树所在的环境十分潮湿。张茜看到这样的环境后，立马撤回了原来的方案。

因为模型树周边的环境十分潮湿，而且培训机构的小朋友大都喜欢触摸仿真树，意味着仿真树皮很容易发霉脱落，会给孩子们带来安全隐患。

最后，经过团队讨论，决定用其他材料来代替模型树皮，因为手工的模型树是一体的，不会存在树皮脱落或者受潮发霉的问题。尽管造价成本会高出不少，人力物力也会消耗很大，但为了安全考虑，团队商量后还是做了这个选择。

后来，该培训机构的领导知道了此事，对这支团队的工作态度大为赞赏，并把其他的一些相关设计工作交给她们去做。

看似是一次经济上的损失，却给自己公司带来了更多的业务。张茜和她的团队就是凭着商场中的“信”，把公司一步步地做了起来。也正因为张茜和她的团队对每一个设计的精雕细琢，越来越多的客户主动上门下单。

手工制作道具

公司成立这半年多来，每月的收益也从几千升到几万，张茜自己更有信心了。

努力不一定成功，但是不努力的人一定不会成功。张茜一直坚定信念：只有更勤奋更诚信，才能把生意越做越大；只有设计更卓越的作品，才能在创业路上越走越远。

发现民俗的力量

随着文化设计输出业务的增多，公司很快开辟了一片新的天地，身边的鼓励者和支持者也越来越多了，在学校的帮助与支持下，工作室的女院特色产品也逐渐丰富了起来。

前面说过，张茜把公司的未来放在了原创与民俗文化上面，产品成功开发推进了公司的发展，很快公司做出了自己的特色文化产品。

经过张茜及其团队的不懈努力，公司逐渐走上正轨。公司从单一的平面设计，发展到现在的多品类产品设计。她们已经意识到，只有设计产品才能让公司做大做强，虽然产品设计这条路很艰辛，但她们仍然以坚强的姿态一步步向前迈进。这是公司的一次涅槃重生，更是一次完美嬗变。

张茜的团队为了增加业务，开始在各个地区的特色厂家实地走访，研究他们各自的特色，并用相机把那些特色产品汇编成册，用精炼和优美的文字进行介绍和说明，让用户对自己的业务一目了然。

由于家庭环境的原因，让张茜在很早的时候就喜欢上了中国的民俗文化。父亲是陕西人，母亲出生在四川，父母又是在西藏因援藏相识，跟随父母调回内地后，因为外公是潮汕人，父母选择定居潮汕，张茜便在潮州长大。张茜生活过的每个地方都有着各自强烈鲜明的民俗特色，这些都是张茜痴迷文化的根源所在。

作为一个民俗文化爱好者，张茜觉得自己有责任和义务去保护它们。

说到最初的梦想和理念时，张茜说道：“现在年轻人对民俗艺术的认识比较模糊。玓尔文化也很小众化，我在不断学习，团队也在不断成长。不过，看到团队成员和自己一起，去做共同喜欢的事，我心里会觉得很开心很幸福。”

创业途中，张茜一直顶着压力在奔跑。这压力的来源有很多。首先是来自于时代大环境，毕竟生活在“互联网＋”的时代，人人都想加入大趋势创业，唯独自己偏偏要独守民俗文化的发展传承。

其次，身边也有不少质疑的声音，甚至冷嘲热讽。对张茜来说，冷嘲热讽并不是伤害，而是激励自己的力量。“连自己都退缩了，还有谁会相信你？最重要的便是感恩，感谢每个帮助过你的人！”正如一位哲人所说：感谢你的敌人。因为那些伤害，成了磨练心智的苦口良药；正因为经历过欺骗，才能增进智慧；正因为禁得起重伤，才砥砺了自己的人格。

玓尔文化公司正是凭借感恩与创新的理念，在商海中不断开拓进取，逐渐成长！

不惧失败，才能迎接未来

许多刚走出校门不久的大学生，怀着一股为梦想奋斗的冲动，毅然决然投入，结果遍体鳞伤，而张茜是千万创业者中幸存的一个。

辞去稳定的工作，投入他人口中的“不切实际的梦想”，张茜本着对民俗与原创的热爱，义无反顾地选择了创业路。

张茜最大的愿望就是让中国的民俗艺术流行起来。这个愿望看起来十分遥远，但在这位“95后”女孩和团队的努力下，“不切实际”成为了可能。

张茜的创业历程，是大学生创业的一个缩影。在张茜看来，所谓创业就是不负青春勇敢去闯，所谓修行，就是在恰当的时间里做出正确的选择。一双善于发现的眼睛，加上一颗勇于闯荡的心，这才是生活该有的标配。

通过自强不息的张茜的创业故事，可以看出，张茜和她的搭档从刚毕业的大学生，到自己创业开公司，经历了很多苦难的磨砺，她们凭借着女孩当自强的信念一步步走向成功。她们创业的历程，是大学生创业的一个缩影。

她们的青春在岁月里燃烧；她们坚信，保持坚强，登上方舟不会迷航；汗水比泪水更有营养；站着比坐着而更有力量！在苦难的征途上，她们正在用自己的双手劈开那毁天灭地的海浪！

这才是一个文化传道者的初心。

就如她们对玓尔的期望：玓之瓅，卓尔独行！

创业导师点评

陈春茂

张茜及其创业团队，从成立DE原创工作室，到正式注册成立广州玓尔文化艺术有限公司，完成了从0到1的创业历程，个人认为，其蜕变主要归功于创业项目选择、创业团队组建和创业资源整合三个方面。

(1) 创业项目切合实际，市场广阔。张茜选择的创业项目，既考虑了市场的需求，也结合了自身的优势。张茜大学学的是电脑艺术设计，她发挥专业所学所长，以作品原创与民俗文化相融合，并将其作为创业项目，顺应了我国繁荣传统文化和民俗文化的发展潮流，特别是时代个性化消费的趋势，方向正确，能经受市场的考验。

(2) 创业团队专业性强，综合素质高。创始人张茜和刘璐霖同为我校电脑艺术设计专业学生，大学期间曾任学生干部，有一定的专业功底，有较强的沟通、协调、组织、管理能力。公司注重在设计专业中招收、培养专业技术型人才，注重在学生组织中招收、培养管理运营型人才，使团队结构更加合理，互补性更强，有较强的执行力和创造力。

(3) 充分挖掘整合创业资源，轻装上阵。创业初期，张茜创业团队用奖学金、实习工资和工作室的收入，较好地解决了创业的资金来源。同时，积极争取学校支持，得到了学校多位领导和创业导师的关注，顺利入驻学校创业基地，解决了创业场地、创业指导等问题，有效地降低了创业成本和风险。张茜还积极参加各类创新创业大赛，并在大赛中获得了不少奖项，进一步提高了团队的创新创业能力，提升了项目的知名度和资源整合能力。

近年来，我校全力推进创新创业教育，加大创新创业课程体系、师资队伍和实践平台的建设力度，把创新精神、创业意识、创新创业能力培养融入人才培养全过程的各环节，形成了培养创新创业型人才的两条主线。

一是普及型创新创业教育。面向全体学生，通过改革专业课程教学内容和方法、开设创新创业专门课程、举办创新创业竞赛等活动，以渗透、结合的方式，在现有的人才培养体系中融入创新创业教育，实现全面覆盖，提高学生创新创业意识，丰富创新创业知识，培养岗位创新创业型人才。

二是专业型创新创业教育。面向有创新创业愿望的部分学生，举办创业培训班、创业特色班、创业特训营和创业市集活动，提供创业培训和创业体验机会。面向立志创业的个别学生，招收创业学院学生，给予创新创业更为专业的培训、指导和扶持，培养自主创业者。

本校双创教育

何文华　广东女子职业技术学院副院长

广东女子职业技术学院是广东省妇联主办的公办女子高校。学校立足现代服务业，以人文精神为根本，以“四自”精神为核心，培养具有高尚品德、高雅气质和高新技能的创新型女性专门人才。学校大力推进创新创业教育，2016年被广东省教育厅评为省大学生创新创业教育示范学校。

张茜是我校电脑艺术设计专业的学生，她从小就开始卖花、摆地摊，积累了一定的社会实践经验；后来结合所学的专业知识和技能，开展民俗工艺手绘作品创作，并成功创办了公司。张茜的个案，印证了我校创新创业教育理念——以“结合专业、适合女性”为总则，倡导学生学好专业，基于所学专业和女性特点创新创业。

针对多数女大学生在创新创业上“敢想”而“不敢做”的性别特点，我校打造了“先学习、再参与、后主导”的创新创业教育模式，引导学生先通过课程学习创新创业，再参与企业创业项目、教师工作室项目、竞赛、校园活动等体验创新创业，在条件成熟时再自主创业。

在实践中，我校逐步构建起“一平台、二机制、三结合、四体系”的创新创业教育工作格局，通过牵头发起“广东巾帼创新创业联盟”，搭建了创新创业要素优化平台，建立校内部门协同、政校行企协同的“双协同”工作机制，实现创新创业教育与专业教育相结合、校内教师与企业导师相结合、服务学校与服务社会相结合的“三个结合”，形成创新创业教育课程体系、实践体系、服务体系、保障体系的“四个体系”。

张茜同学能够成功创业，除了她个人的努力，正是得益于这样的工作体系。同时，学校在专业指导、资源对接、场地提供、市场开拓等方面也给予其持续帮扶，使大学生创业项目迅速走上正轨、走向成功。

教育专家点评

钱乃余　山东商业职业技术学院院长

张茜的创业故事，给了我们很多启迪。

(1) 张茜的创业经历再一次让我坚信大学生创业无“失败”可言。“元年创业失败”，得到的是经历、经验、知识、能力及素质的提升，更重要的是让张茜找到了自己，明确了自己要成为什么样的人，这正是高校开展创新创业教育的目的。

(2) 创新创业教育是个系统工程。张茜的独立、执着和自信得益于她所接受的家庭教育和经历，得益于大学生创新创业教育和专业教育的有机融合，更得益于大众创业万众创新的社会环境。

同时，张茜的创业故事对学校的创新创业教育改革具有借鉴意义。

(1) 要高度重视学生的兴趣和特长，这是内生动力。

(2) 要制定创新创业激励政策，并引导学生有效使用奖学金、创业基金。

(3) 要加强挫折教育，这是传统教育的薄弱环节，又是创新创业型人才必备素质。

李彦　天津城市职业学院院长

大二时，因学校鼓励创业，广东女子职业技术学院电脑艺术设计专业的张茜，带领同学们初尝创业的乐趣与艰难。毕业后，与志同道合的小伙伴发挥专业特长，在学校的帮助下成立公司，用奖学金创业，品味了“技术—市场—品质”的结合与磨砺，“把最好的东西呈现给客户”不只是创意，还有承诺与能力。张茜的创业故事非常典型地诠释了普通高职学生的创业路径，极具启发性。

愿张茜和她的伙伴们学习下去、坚持下去，成为“民俗先锋”。

因卖花被人怜悯，因摆地摊被人误解，因手绘结缘民俗文化。张茜的创业故事告诉我们，创业不是追赶潮流，创业不是一时兴起，创业不是一次成功，创业不是一条通途，能够创业或创业成功，是需要有基础、有环境、有兴趣、有方法的。

愿有更多的“创业先锋”出现在高职院校。

只有弱者才走没有危险的路

——“人才猎手”李博的创业故事

他曾流连网吧，不问世事；他曾遭遇高考挫败，前途迷惘；他曾遭受背叛，情绪低落。他说生命注定是有裂痕的，而那里就是梦想生长的地方。因为梦想，他不畏艰险，敢闯敢干；他从雪岭走出，实现创业梦想；他从几千万大学毕业生中崛起，助力更多学子走向辉煌。他用自己的力量，构筑起一个心怀梦想的团队，朝着光亮的地方前行。

扭曲了的价值观

李博出生在东北大兴安岭林区的一个普通林业工人家庭，大学在黑龙江大学生命科学学院读的生物制药专业，用李博的话说：“是个听着挺高大上说着挺唬人的专业”。但说到选这个专业，对于李博来说其实是一个偶然。

李博小时候的理想是当个像陈景润、华罗庚那样的数学家，或者一辈子能与数学为伍就好。李博第一次高考数学考了138分，在他老家那个不大的县城毫无疑问地拿了个单科状元。但是由于其他成绩的偏科，这一科的“异军突起”并没有让李博因语文、英语的“崩盘”而让他的高考成绩起死回生。李博的第一次高考与期望中院校的分数还差不少。后来，李博复读的时候，他的数学老师还经常会在学弟学妹们面前标榜说李博的数学就是他教出来的。

说到复读，当时的李博并没有这个打算，本想着能上个其他的院校也可以，本科上不了就读专科，可是李博的父母却不甘心，他们觉得自己的孩子这么优秀，一次高考的失利证明不了什么，所以力劝李博再复读一年。

虽然李博的复读是因为服从父母的决定，但当时的李博并不能理解父母，直到后来，在其打工的过程中，在一波三折的经历中，在社会的大熔炉中，在创业的路上没深没浅摸着石头过河中，李博才渐渐懂得，其实所有的事情是触类旁通的，很多的事情更是有因有果的。人生之所以精彩恰恰是因为人生的变幻莫测，在李博的眼里，这些跟数学有着异曲同工之处，那就是做任何事情都需要我们一步一步往下走，坚持到最后才能得到答案。只不过跟数学截然不同的是，一道数学题可能有很多种解法，最后的正确答案可能只有一个。而人生是不设限的，它不是非A即B的单项选择，很多时候我们不经意的一个选择有可能就会决定未来的一生。而每一个残酷的现在，都是我们曾经梦想的未来。

复读的那一年，实际上也是李博同自己不断做斗争的一年。现在看，实际上也是心理扭曲的一年。那时的他，觉得别人高中读了三年，而自己读了四年，高考时就一定能比别人分数考得多。而且他自己本身对复读这件事也没有什么概念，复读，完全是服从父母的安排。所以，从重新走进校园的第一天开始，自己就对读书产生了抵触的情绪，并开始沉迷于网络游戏。有段时间，李博在网吧待的时间甚至比在课堂上读书的时间还多，直到李博的父亲接到老师的电话，把他从网吧揪出来并狠狠地揍了一顿。随后父母又从经济上对其进行“制裁”，李博这时才意识到问题的“严重性”。这里的严重性可不是说李博幡然悔悟开始要好好学习了，他是因为家里给他切断了经济来源，开始意识到没有钱去网吧了，那时的李博从未觉得逃课上网吧没有什么不妥。为了弄到钱，李博第一次走上“艰苦卓绝”的创收道路。

把聪明用错了地方

被父亲在网吧抓现行之后，李博不仅没有“痛改前非”，而是继续选择逃课。为了逃课的事情不再被老师捅到父亲那里，他甚至研究起了每个任课老师的性格和特点，比如班主任的课，他是万万不敢旷课的，他只是逃避一些比较不熟悉的老师的课，这样自己不在班上，老师也很难发现，现在想想，如果当时把这些心思花到学习上，说不定自己也能考上清华、北大!

靠山吃山，靠水吃水。李博生活的林区最多的就是树，林区里面有各种各样的树。这些树木在大人眼里是各种各样可销售的木材，而李博看到的只有树上结的果子。虽然木材能换来钱，可是一个人可砍伐不了大树，再说自己也没地儿去卖。而树上的果子就不一样了，可以摘下来拿到集市上去销售，这样来钱比较快。

所以李博就开始利用逃课的时间去林海摘果子，有什么应季的水果，他就摘什么，然后拿到火车站去售卖，售卖的钱拿去网吧上网。

他在火车站混迹了一周左右，发现火车站其实不是售卖水果的好地方，虽然火车站的人流量大，但是成交量却很少。研究后李博发现，在火车站竞争压力大，因为在这里有很多“专业”的老奶奶也在卖水果，而且她们有包装、有袋子、有固定的价格、有秤。而自己是“打游击”，让人一看就不是正经做生意的。再一个，火车站来来往往的旅客，要么在乘车前就买好了各种食品，要么就是行色匆匆，根本无暇停下脚步来挑选水果。所以导致李博半天捡果子，半天去售卖，最后耗费一整天精力也卖不出来一两个小时的上网费。

后来李博发现，在林区有很多进进出出拉木材的大车，他看准了这个“商机”，在林场的出入口，也就是大车排队等待装车的地方兜售水果。本来司机在等待的过程中就很无聊，也愿意跟李博东拉西扯一番，扯来扯去就会买上几块钱的水果。林场摘的水果就在林场卖掉，在这里也没有竞争对手，还省去到火车站的时间和路费，这样一天下来，用卖水果的钱上一天的网吧还绰绰有余。

那是李博人生中第一次“创业”，第一次“做买卖”，准确地说都不能叫做买卖，买卖是生意的初级阶段，是买进来卖出去的过程，而李博卖的水果没有成本，只是付出了时间和劳力，然后把它们变成钱。用现在比较流行的一句话说，这种商业模式很容易复制。但是短暂的“创业”过程却给了李博很多的启发：任何成功不一定都是偶然，任何的失败却一定是必然。成事在天看似有一定道理，但是更多时候，做事是需要事在人为。

“浪子”回头金不换

复读那年的寒假，除了在家里过了个春节，剩下的日子李博都在卖水果和去网吧之间混迹，日子就像卫生纸那么不扛扯，扯着扯着第二次高考的时间就来到了。毋庸置疑，这一次非但语文、英语的“瘸腿”没有好转，甚至连李博最为之骄傲的数学也亮起红灯。第一年的李博还能勉强走个三本，这一次的成绩只能去读个高职。

人生很多时候就是这样，你全力以赴的事不一定能够尽如人意，但你不付出而等着天上掉馅饼，最后的结局只能是饿死。

面对第二次高考成绩，家里人失望了。李博也看出了父母内心的挣扎与矛盾。从父母的角度说，对于一个像他们这样的普通家庭，已经给李博一次重来的机会，但是李博自己却没有抓住。所以这次的高考失利，父母没有再强迫李博去复读，而是征求了李博的意见。这时的李博好像才回过神，发现自己怎么变成了这副模样，本来对高考成绩满不在乎的他，此时也自责起来。

这次李博终于醒过来了，他第一次站在自己人生的立场，负责任地做了一个选择——再复读一年。这一次的复读是李博发自内心的一种态度，而父母也一致选择支持他的决定。

复读第一年的荒废给李博的再次复读带来了更大的困难。身边的同学有的开始收拾行装准备走进心仪的大学，有的已经从求学的异乡回来过暑假，李博顶着多方压力和异样的眼光，再次走进熟悉的中学校园，这一次，他要让自己真正沉下心来，重打锣鼓。一切为高考而战。

付出终于有了回报，第三次的高考，李博顺利地考上了黑龙江大学，但是李博说自己发挥一般，因为他觉得自己应该能够考取更好的学校。不过父母对于这一结果已经相当满意了。自此李博开始跟黑龙江大学结缘，正如李博所说：“也或许与黑大的渊源本来就是命里注定，读了五年的高中就是为了来到黑大，就是为了遇见这些我生命中最重要的人。”

往事如烟，今天，当李博跟父母讲起当年逃课卖水果赚钱去网吧的事情，父母也是当做笑谈，溺爱地“责骂”几句。现在的李博，自己也不敢想象，当时如果放弃第三次高考，自己的今天会是什么模样。子承父业成为一名林业工人？或是正走在进城务工的路上？也许……不管是哪一种，李博都坚信，现在的自己才是最好的，也是自己最想要的生活。

表面放手是为了内心坚持

大学填报志愿时，李博最终放弃了最爱的数学专业，选择了生物制药。尽管当时的生物制药是一个前景被看好的热门专业，但是身边的人都对李博没有选择数学感到意外，李博对他们戏谑地说：“还记得你们是如何形容高三生活的吧，什么水深火热，什么生不如死，你读三次高三试试，好不容易考上黑大了，我这专业在省外好歹也是一本呢，能上什么算什么吧。”这一次李博没有选择数学，因为李博认为不选择不代表就是放弃，有的时候行为上的割舍更能够代表内心的坚持，就像李博经历的那份爱情一样。

大三那年，李博决定参加公务员考试，为了更好地备考，李博从学校搬了出来。租房说是为了备战公务员考试，其实只是自己给自己找的一个冠冕堂皇的借口罢了。

租房的成本很高，即使李博一直在外面兼职打工，仍然无力支付“巨额”的房租，于是，李博做了一个“空手套白狼”的计划——当二房东，那就是租一个大点的房间多点的房子，然后再分租给其他人，让合租的人把自己的租房成本负担下来。就这样，李博开始了租房生活，做了二房东以后，自己不仅不用缴纳房租了，每个月甚至还有几百块钱的盈余，比李博当时预期的效果还要好一些。

合租者里面有个叫小乔的女孩，由于是在城里长大，在家养尊处优惯了，连自己都照顾不明白呢，居然还养了只狗。实际上小乔养狗的初衷非常简单——好玩，但却从没考虑过要为狗承担责任。由于李博打小在林场长大，那里家家户户几乎都养狗，所以对于养狗，自己多少比小乔经验丰富。随着相处的时间长了，李博和小乔渐渐相熟，喂狗、遛狗、给狗洗澡、训练，就顺理成章地全都变成了李博的活。随着日常的接触渐渐增多，双方也是日久生情，因狗结缘，两个人开始了恋爱。

而在同一时间，李博当上了生命科学学院的学生会主席，可谓是双喜临门。学生会主席这个身份让李博比别人更早接触到作为一个团队负责人的职责所在，这为李博后来注册公司并进行团队的建设和管理奠定了坚实的基础。

被自己炒掉的第一份工作

转眼间就到了毕业的时刻，领到毕业证的那个瞬间，李博突然觉得自己好像一只翎羽还未长齐的小鸟，被妈妈无情地推出安逸舒适的鸟窝，开始独立生活。

白驹过隙，弹指一挥间，初到大学报到时的场景还历历在目。他根本没有参加公务员考试，如果不是看到至今原封未动的公务员考试学习资料，他可能压根就不会记得他租房的初衷。尽管实际情况和最初的打算截然不同，但他从未对人生中的那段旅途感到后悔，因为那是他最快乐的一段时光。在那段时光里，他第一次感受到什么是幸福，那是一去不返的快乐，更是一个永远也无法复制的童话。

毕业之后面临的一个最大的问题就是就业。尽管大学期间李博打过很多份工，甚至因为小乔还开起了宠物店做过老板，说起宠物店，倒可以算得上是李博的一次创业尝试。

当时的李博在宠物店扮演坐堂医生的角色，那时候除了犬瘟，剩下的犬类常见疾病基本都难不倒他。而李博给狗看病从不要钱，他的宠物店也不囤药，狗需要吃什么药或者用什么药，他会开好单子，让主人去专业的宠物医院购买。那会儿的李博甚至常常出现错觉，他忘记自己是生物制药专业出身了，以为自己是一名专业的兽医，不过正是李博的这种经营方式，让宠物店的生意越来越好，李博靠卖宠物食品用品、给宠物洗澡美容等服务项目，已经能够实现盈利了。

可是这会儿的李博竟然不知所措了，因为毕竟自己目前的身份已经是待业青年了。

毕业了，李博计划还是从事专业相关工作，生物制药这个专业能干的活从大方向上就两个——要么做药，要么卖药。

刚进大学那会儿，李博就觉得自己的性格不适合制药，后来忙着打工，忙着参加校园活动，再后来租房子、开宠物店，自己根本没有时间考虑在专业内的发展问题，现在这个问已经亟不可待地摆在了自己的面前，李博第一次对“人无远虑必有近忧”这句话有了切身的体会。

毕业一个月以后，李博的老师也开始找李博谈话，并劝说李博应该马上工作，哪怕是骑马找马。李博也默认了这个观点，于是他别无选择地选择了这个专业里看似“下九流”的方向——药代。

有了方向之后，李博开始留意招人的药企，并注意到了赛诺菲——一家世界排名前20的法国药企，赛诺菲的企业文化、赛诺菲的产品，都成为吸引李博眼球的元素。等研究赛诺菲的产品之后，更加坚定了李博要进入赛诺菲工作的想法。

也许是因为李博对赛诺菲的认可和强烈的入职意愿打动了赛诺菲的HR(人力资源总监)和地区经理，李博顺利成了赛诺菲糖尿病产品的一名医药代表，唯一一点不完美就是哈尔滨的职位已经饱和，公司把李博的工作地安排在了大庆。赛诺菲能够抛来橄榄枝已经让李博受宠若惊，小小的地域问题如同自由落体运动中的空气阻力，可以忽略不计。而这也成为李博后来失去小乔的一大诱因——两地分居。

做医药代表的那一年，李博除了回宿舍换衣服和洗澡，剩下的时间几乎都是在医院度过的，值班室、病房、大厅，赶上哪儿算哪儿，和衣而卧。就这样，李博凭自己的努力用季度奖金买了一辆车。

而当李博想开着汽车回到小乔身边给她一个惊喜的时候，小乔却给了李博一个两难的选择：要么回哈尔滨发展，要么分手。

李博已经深深地爱上眼前这份工作，它让李博感受到自己的存在感和价值感，可是李博更爱小乔，她是他一切行动的源泉。所以李博觉得自己不能那么自私，他连申请调转甚至辞职的意愿都没跟领导汇报，就离职了。李博原本以为成家立业这两件事可以同时完成，却怎么也没想到，后来的结果跟他的幻想截然相反。

女朋友分手了，工作也没了，宠物店也因为小乔的离开转让了出去。

沉寂了半年，为数不多的那点积蓄花光了之后，李博再一次迷茫了，他不知道自己能干什么了，这是继复读那次之后的第二次迷茫。与此同时，李博也迎来了人生中的第二次机会。就在李博一筹莫展的时候，他接到了一个猎头公司的电话，之前他做医药代表时的竞争对手要挖他。李博已经忘记当时是怎么答复那个猎头的了，但是这个电话给了李博一个启发——除了卖药，自己是不是也可以做猎头？

只有弱者才走没有危险的路

主意打定，李博开始通过网络查询了解关于猎头公司的一些资料，知道了猎头是一种十分流行的人才招聘方式，而猎头公司是专门从事中高级人才的中介公司，属于朝阳产业。后来他选择“猎头”行业，也正是出于这方面的考虑。他希望帮到每一个和他当年一样迷茫的人，指引他们走上一条适合的道路。

李博研究了国内几家规模较大的猎头公司的资料，其中大瀚猎头公司在当地算是最有名的一家。所以，李博向大瀚猎头公司投了简历并成功地成为了大瀚公司的一名“猎头”。

新人到公司后一般都是做批量客户，李博每天都很勤奋，是标准的“电工”，经常是第一个进公司开电闸，最后一个离开公司关电闸。他在公司每天熟悉客户资料，并抽空跟随老员工出去跑业务。

“功夫不负有心人”，在他的不懈努力下，两年后，李博成为整个哈尔滨回款最多的员工。又过了一段时间，公司重新分为KA组和批量组，李博分到了KA组。工作一年后，很快做到了KA经理，那时全国只有15个KA经理，他是其中之一。

在KA组期间，李博学会了很多专业知识，比如：如何接待客户，如何处理候选人与客户之间的关系，怎样与候选人沟通，如何做客户工作等。在这里，他的能力和实战经验得到了迅速成长和丰富的积累。

2015年10月，李博向公司提出了辞职，打算自己创业。不仅公司不理解李博的决定，家人也很纳闷——工作干得好好的，为什么要冒风险去创业？但是李博却不是这样想的。因为在他心里，永远有一个创业梦，他不甘心一辈子就这样平庸地度过，他认为：只有弱者才会走没有危险的路。也是在这个时候，李博与大学时的莫逆之交——“土狗”再次相逢。“土狗”对李博说：“我们都是迷失在现实生活中的小土狗，我们的精神家园时刻都在。作为兄弟，无论对错，我都挺你到底！”

师夷长技以制夷

从大瀚猎头辞职后，李博就开始紧锣密鼓张罗筹建公司了。

由于当初只有李博一个人，所以首先就是要解决团队建设的问题。当时有一个比李博稍大的前同事梅姐，因为产假在家休息，当时李博就同她沟通了自己的创业想法，梅姐对李博的创业思路非常认可，并愿意同李博一路同行，成为合伙人。有了“同伙”，下来有事也就有了可商量的人了。李博同这位合伙人敲定落实了公司的一些业务方向，并决定：只做医疗行业，并且只做内资客户，挖外企的人。

李博做医药代表的时候，发现国内经常出现医患纠纷。在他看来，归根结底还是国家目前的整体医疗水平不够强大，医疗体系不够完善，在药品的自主研发上也不能和国外抗衡。所以，李博决定要把外企具有先进的管理经验和技术经验的人挖到内资企业。

李博说：“我的大学导师有一个梦想，就是研究紫杉醇抗癌。”所以，在李博脑海中闪现了一个语句：师夷长技以制夷。李博用这句话作为自己公司的发展理念。时至今日，他依旧是坚持助力内资企业全球化发展，为改善内资企业人才梯队搭建添砖加瓦。

对于为什么起“嘉部猎”作为公司的名称，李博解释说：“‘嘉部猎’这三个字取自《圣经》中四大守护天使之一“Gabrie”的名字。之所以选择这个作为公司名称，是想告诉那些跨国的

大型猎头公司，嘉部猎虽然是一家本土企业，但是我们致力于成为中国本土人力资源服务行业的领导者，并助力于国内企业全球化发展。同时，“嘉”也是“家”的谐音，希望嘉部猎的团队成员在这里有一种“家”的感觉，当然，还有一层意思就是公司服务最‘佳’、最好。”

从这个名字可以看出，李博的公司既充满了家的温馨，又充满了战斗的激情。

差点死在“襁褓”之中

创业可不是一件简单的事，首先要解决的就是办公场地的问题。

“土狗”告诉李博，母校里面有大学生创业孵化项目，大学毕业五年之内的学生都可以去申请入驻，并给李博引荐了孵化器项目负责人王新玉老师。王老师听了李博的创业理念和创业思路后，觉得这个项目很有发展前途。于是，答应给李博在黑龙江大学提供一个办公场地。李博到现在还记得入驻当天的情景，由于办公桌椅等设备需要根据自己的需求去库房搬运过来，他跟自己的伙伴一直忙到晚上十点多，终于在堆积如山的库房中找到自己需要的桌椅。

完工后，他俩脸上、身上早已布满灰尘，就像刚从煤堆里钻出来的一样。大家看到彼此的样子，相视而笑了半天。

有了办公硬件，办公室终于有了个雏形。

尽管公司刚起步，需要一些客户资源，但是李博还是决定不使用在前工作单位积累的客户资源，他要靠自己的经验，去开发属于自己的新客户。

李博开始同自己的团队起早贪黑地去寻

找客户。由于当时还没有取得营业执照，李博就联系了当地一些人力资源公司，打算以这些公司的办事处的名义招揽生意。而这些公司却对李博的想法嗤之以鼻，因为在他们看来，李博只是一个无资源、无品牌、无能力的“三无”人员，自己根本没有必要让李博掺和到自己的经营里面来。这条路子算是给堵死了。

不过李博并没有放弃，他知道，要开设猎头公司必须要取得相关资格证，可是走到当地主管资格证审批业务的政府部门询问时，又得知一个不好的消息：如果创办人力资源相关的公司，需要实缴200万的风险基金。这个消息，对李博来说无疑是晴天霹雳，他觉得这次公司肯定完了，别说200万，就20万，他也拿不出来啊。

后来，李博多次找到王新玉老师，王老师告诉李博：“你们走进了一个误区，只做猎头，是不需要实缴基金的。人力资源公司可不等于猎头公司。”

听到这个消息，李博彻底松了一口气。在李博和同事不懈努力下，2016年4月，李博终于拿到相关经营许可证和公司营业执照，李博的团队兴奋地抱在了一起。

创业后的第一个客户

央企、国企和上市公司，是嘉部猎的主要目标客户群体。此时，李博的一个同学刚刚调到了一个当地的医药子公司，而且他们公司也正好在寻找猎头，李博和那个同学取得联系并经过协商后，他同学的公司和李博顺利地签订了服务协议。李博创业后的第一个客户就这样拿了下来，并拿到创业来的第一桶金——三万元。

李博拿着第一笔收入，没有去“打牙祭”，更没有把钱当做奖金分给团队的伙伴，而是继续提高他们办公的硬件设施，比如电脑设备的采购、专业

人员的招聘，等等。

李博觉得，任何一个客户，他们都要积极响应，因为每一个客户，都有可能是救活他们的最后一根稻草。

李博听说有一个大型集团的医药子公司正在寻找优秀的猎头公司合作，他马上找到了那家公司。第一次过去时，该公司的负责人只是简单地同李博交谈了几句，并没有对合作表现出兴趣。第二次去仍旧如此。直到第三次去的时候，该公司的负责人也可能是被李博的“三顾茅庐”彻底打动，终于答应交给李博一个销售岗位让他试一试。

李博终究没有让客户失望，该岗位的“挖人”命中率做到了百分之百，客户对李博的服务大为赞赏，并陆续地把其他岗位的招聘工作也交给了李博。

就这样，李博有了两个客户，而且都是在医药行业。

屋漏偏遇连阴雨

凭借对这两个公司的优质服务，李博的公司在业内也逐渐有了一席之地，业务量也逐日递增，目前的团队，已经有些应付不过来，自己招工的事宜已经迫在眉睫。

在招聘过程中，李博发现有经验的人，看到他们是小公司，都不愿意来。于是，李博决定在学校招实习生，他们在校园里贴了很多广告，但是收效却甚微。黑龙江大学的校领导在知道了李博的困难后，决定让李博在学校里面做一次校园宣讲会，让李博用切身体验来解答大学生的疑问。

李博现在还清楚地记得，在宣讲会上的那段开场白：

世有伯乐，然后有千里马。千里马常有，而伯乐不常有。猎头是什么，猎头负责的是伯乐的工作。人们都说千里马难求，但伯乐更难求。我可能不是一个特别优秀的伯乐，但是我依然努力去做一个伯乐应该做的事情，在这条路上我也在不停地学习，让自己进步。人生当中能够遇到各位，是我非常幸运的事。从大家每天工作的状态来看，各位绝对都是成为千里马的潜力股。我们现在唯一欠缺的可能就是在这个行业中前进的时间阅历。经历其实能够证明一切，现在在座之人不乏有曾想过放弃的，但是突破了那个瓶颈就会发现，你的人生就像开了挂一样！大家也看到了现在咱们公司的业务top，她们的成功和高薪并非偶然。所以各位，请相信我们谁都能做得很好，而目前做得很好的伙伴，一定能做得更好！

其实各位比我还幸运，因为你们不仅是千里马，你们和我一样，也担任着伯乐的工作。大家有没有想过，我们每天拨打出的电话代表什么？有多少优秀的人在一个岗位上郁郁不得志，有多少优质的岗位求贤若渴？当他们叫天天不应，叫地地不灵的一刻。我们的一个电话就可能是他们人生的及时雨，他们人生的垫脚石。我们的一个电话可能改变了一个人的一生。相信大家也都听过李开复、郭士纳等大咖跳槽的案例。

所以各位，作为一名猎头，我们不只是能赚到不菲的收入，与此同时，我们还为这个社会创造了很多无形的价值，我们用自己的专业度和敬业精神为合适的人和岗位搭建了最畅通的桥梁。各位，我们不是伯乐是什么？我一个人可能只是嘉部猎目前十几个人的伯乐，但你们是整个国家数以万计优秀人才的伯乐，甚至是他们的人生导师。嘉部猎团队基本都是女生，可以说你们就是上天派下来改写他们人生的“蓝衣天使”，正如我们的企业logo。所以当每次打出电话的一刻，请告诉自己，你是伟大的，更是快乐的！

大学生们听了李博的分享后，都很赞赏李博团队创业的过程。因此，很多学生开始以实习的形式进入李博的公司。

公司的人员结构稍微有些完备，但是困难再一次降临，李博突然觉得自己的公司像走进了死胡同。

2016年底，两个和他一起创业的同事相继离开了公司。因为这两个人的业务能力都很强，这让李博感到很无助，也很无奈。也许创业就是这么残酷，创业之路本身就是一条铺满荆棘的道路，只有勇者才会踩着荆棘大步前进，而那些怯懦者，只能望路兴叹。

好在李博及时进行了战略调整，并以此事为戒，开始重视团队骨干成员队伍的建设。

无规矩不成方圆

初具规模的嘉部猎，开始走上正轨。无规矩不成方圆，这时的李博也意识到企业要得到一个良性的发展，必须着手团队的管理和企业规章制度的建设。

“我愿意书写每一张白纸的璀璨人生。”在团队建设方面，李博是这样说的，也是这样做的。

为了扩充自己的团队，李博继续沿用之前招聘应届毕业生的做法。一方面，这样可以解决部分毕业大学生就业的问题；另一方面，自己也可以在带新人的过程中与他们一起学习和成长。

李博把自己在职业生涯中领悟到的经验梳理成了知识体系，并毫不吝啬地把这些传授给每一个来到嘉部猎实习的学生。对于实习生的培训，除了思想上的培训，实操上李博采取了以老带新的“1+3”模式，让他们更透彻了解企业，了解企业的岗位职责。

培训结束后，李博会根据每个人的具体情况，来给他们安排合适的岗位。

到了2016年年底，由于来嘉部猎的实习生太多，现有的办公室已经满足不了目前的需求，校领导得知此事后额外批示给李博一个房间。

说到具体的管理制度，除了与其他社会上的公司雷同外，李博还在人性化管理上下足了工夫。比如公司规定每天早上八点半上班，但是周一的早上，员工九点前能到公司就不算迟到。在每个月，李博都会安排生日会。他至今还记得，在自己的生日会上，全体小伙伴拿着自己一笔一划手写的生日贺卡送到手里的时候，他深深地感受到了这个小家庭的那份温暖，并感到由衷地自豪。

谈到业务考核，李博采取了过程数据和结果数据相结合的考核——KTI，即按照过程去引导结果。

在人员职称和薪金待遇管理方面，李博采取的是阶梯化的管理模式。进入嘉部猎的每一个员工，都是从实习顾问做起，然后是助理顾问、顾问、高级顾问，最后是团队经理。同时，每个阶段李博都制定了严格的考核和评估的标准，让每一个来到自己团队的伙伴，都能够看到自己的未来发展。

走在实现梦想的道路上

随着公司的发展，嘉部猎逐步放弃创业之初计划专门为央企、国企和上市公司提供服务的目标，目前专注于医疗行业，服务面向全国。因为李博知道，自己要想发展，必须有属于自己的“金刚钻”，把一个行业做精，就够自己奋斗一生的了。

对于未来的规划，李博用了三个词：扩张，扩张，扩张。一个是扩张目前的团队，一个是扩张企业的服务内容，再一个是扩张企业的地域。目前，嘉部猎的成都分公司已经开始营业。

李博的创业故事告诉我们，曾经过着怎样的生活不重要，重要的是想要怎样的生活。困难就像咖啡，初入口时苦涩难耐，经久之后，满满的都是幸福的味道。而李博和他的团队，正在朝着下一个目标奋斗着。

创业导师点评

王心玉

作为黑龙江大学的一名创业导师，我在了解了李博的个人经历以及创业诉求后，和学院领导班子经过讨论，决定大力帮助其创业，一方面认同他的创业理念“师夷长技以制夷”，旨在大力帮助内资企业发展；另一方面学校目前鼓励在校或毕业大学生创业，并针对大家实际情况制定相应的扶持政策。

李博和他的嘉部猎团队的成功创业案例是有据可循的，也能够为大家树立很好的榜样。

2015年年末，是李博创业初期，在办公地点及设施都没有的情况下，学校为其在创业园提供了办公室以及桌椅等办公必需品，这为李博的创业成功奠定了非常重要的基础。

与此同时，我校为促进在校大学生开展创造、创新和创业活动，使在校大学生创业实践活动蓬勃开展起来，通过孵化使学生创业企业不断发展壮大，并制定了以下相关鼓励扶持政策。

首先，在校大学生从事创业性质个体经营的，第一年免收个体工商户登记费(包括注册登记、变更登记、补照费)、个体工商户管理费、经济合同示范文本费，其余费用在校期间减半收取。

其次，在校大学生创办企业的(包括个人独资企业、合伙企业和有限责任公司)企业，第一年免收企业登记费(包括注册登记、变更登记、补照费)和年度检验费，其余费用在校期间减半收取。这也为李博的创业提供了不少便利条件。

除此之外，员工招聘也是创业中重要的内容之一。起初李博在招聘上就曾遇到很大的难题，大家更希望找成规模、成体系的公司就职。在学校了解到这个情况后，立马为李博组织了一场校园宣讲，宣讲会的影响力是显著的，结束之后立刻有在校学生表示愿意加入这个有发展前景、有活力的团队，并以实习生的身份开始工作。

在人员职称和薪金待遇管理方面，李博采取的是阶梯化的管理模式。拿进入嘉部猎的每一个员工来讲，大家都是从实习顾问做起，然后是助理顾问、顾问、高级顾问，最后是团队经理。同时，每个阶段李博都制定了严格的考核和评估的标准，让每一个来到自己团队的伙伴，都能够看到自己的未来发展。

目前的嘉部猎也开始放弃创业之初计划专门为央企、国企和上市公司提供服务的目标，目前专注于医疗行业，但服务却是面向全国的。

在这里，我希望通过李博的创业故事来激励更多的大学生自主创业，在扶持大学生创业的路上，学校的创业园也在不断进步，预祝大家靠自己的双手打拼出属于自己的天地！

本校双创教育

刘文勇　黑大创业教育学院院长

黑龙江大学是教育部与黑龙江省人民政府共建的有特色、高水平、现代化地方综合性大学。学校自1998年开始探索创新创业教育理念与模式；2002年成立创业教育学院，同年获批成为教育部首批9所创业教育试点院校之一；2005年建设全国首家规模化的学生科技文化创业园；2008年获批国家级创业教育人才培养模式实验区；2016年获批教育部全国创新创业典型经验高校；2017年获批教育部全国创新创业教育示范校等荣誉称号。

学校始终坚持“面向全体、基于专业、分类教学、强化实践”的“融入式”创新创业教育原则，围绕创新创业课程、项目、竞赛、团队孵化等开展了一系列的理论研究与实践教育活动，以“提升学生社会责任感、创新精神、创业意识与实践能力”为核心，促进创新创业教育与思想政治教育、素质教育、专业教育、职业教育的充分融合。

学校曾获得第六届国家级教学成果二等奖，学生创业园区目前已累计孵化了450余支创业团队，为国内外400余所高校、机构和社会团体提供了宝贵的经验。学校还得到中央电视台、《光明日报》、新华网等媒体宣传报道近300次。

未来，学校将继续响应国家“双创”的号召，不断深化创新创业教育改革，深入落实从课程到实践、从意识培养到能力提升、从普识教育到技能训练、从专业教育到产教融合的深度融入，打造立体生态化发展的创新创业教育格局与模式。

李博创业团队在筹建、创办、运营期间，从无到有，点滴做起，在该团队身上体现了黑大人的吃苦耐劳以及创新融合的精神。

教育专家点评

杨建军

创业者的背后，总有生动的故事情节，因为创业的道路，注定是不平坦的。本案例讲述的“人才猎手”李博的创业故事，同样会给我们教育工作者带来启发。

不囿于现状，不满足于当下，拥抱更大的梦想，这是创业者的第一动力。世界上总有这样一些人，他们具有超于一般人的雄心抱负，并愿意为之积极付诸行动。对创业者来说，这是非常难能可贵的一种品质。而对教育工作者而言，如何为创业者提供更好的针对性教育，这是一个值得思考的问题。从我们传统文化的来说，对教师的职责有一个很好的定义：传道、授业、解惑。但对今天的创业教育而言，这个定义似乎又少了点什么。或许可以再加两个字：“辅助”，承认人才标准的多样性，理解创业者的选择，辅护他们的成长，助力他们的进步。我想，这也是我们教育工作的应有之意。

逆流而上的成功才更有意义

——“宠物导师”胡柳峰的创业故事

儿时喜欢宠物的他，报考了宠物训导与保健专业；别人还在为学分发愁时，他却萌生了创业念头；身边人都等着面试电话时，他踏上了创业旅程。他就是胡柳峰。从大学生到公司CEO，时隔4年，胡柳峰带着他的创业梦想，开启了中国宠物训练的市场。

唯有梦想不可辜负

人类因梦想而伟大，每一个成功的人都是梦想家。无论是站在废墟中，还是走在乡间的小路上，只要有梦想，前进的路总是会越走越宽。有些人在忙碌中把梦想遗忘了，有些人则怀揣梦想而四处奔波。风雨过后是彩虹，能让梦想生根发芽的，总是那些悉心培育、维护梦想的人。1989年出生的胡柳峰就是一个怀揣梦想而走在创业道路上的人。

谁也没想到，胡柳峰竟然创业成功了。要知道在胡柳峰决定创业的时候，父母可是坚决反对的，因为他们觉得创业是一件风险大于收益的事情。

其实，胡柳峰的父母也尝试过做买卖，但以失败而告终。从此以后，父母再没接触过生意场上的事，一直在为别人打工挣钱养家。自己走过的弯路，当然不想让自己的孩子再走，这是他们一直反对胡柳峰创业的主要原因。

除此之外，父母希望胡柳峰能够先成家后立业。他们觉得与其拿钱去创业，还不如踏实找个朝九晚五的工作。

胡柳峰也尝试着劝说父母支持自己，“人生就只有一次青春，这时候不去努力，不敢追求梦想，人生有何意义？”父母不吃这一套，胡柳峰就把心底最糟糕的打算说了出来：“就算创业失败了，我还年轻呢，我还可以去挣钱，到时候，你让我去干嘛，我就干嘛去。”

听到这句话，父母意识到胡柳峰是认真的，对创业并不是三分钟热度，但内心来讲，还是不愿意支持胡柳峰创业。

亲人们的反对不仅没有击退胡柳峰的念头，反而坚定了他创业的决心。“男儿立志出乡关，学不成名誓不还”，胡柳峰只身来到南京，一边打工，一边为创业做准备。

尽管父母反对胡柳峰创业，但心里还是疼爱自己孩子的。父母一有时间，就打电话给胡柳峰嘘寒问暖。一旦聊到创业，谈话的氛围就变得沉重，最后双方总是在分歧中不欢而散。

胡柳峰最终用行动证明了自己的选择是正确的。

“江苏农牧科技职业学院宠物训导与保健专业毕业生胡柳峰，工作一年半后，在南京创办了一所宠物训练学校，短短两年多时间就在周边打出了名气，年营业额达200余万元。”邻居把这条新闻读给胡柳峰父母听时，曾经反对胡柳峰创业的父母也掩饰不住心中的喜悦笑了出来。

创业路上，胡柳峰学会了承受孤独，学会了承受异样的眼光，他认为对创业梦想的不辜负就是坚持到底。那么，胡柳峰为什么会想到走创业的道路呢？

创业源于对社会的那份责任

一个缺乏热情的人，将一事无成，因为热情是责任心的基石。这个人是否有责任心，是人生圆满、家庭幸福、工作顺利、事业有成的关键。胡柳峰的创业成功与他那份对社会的责任心是分不开的。

胡柳峰的责任感，不仅是对自己、对家人、对社会负责，更是对国家和民族的负责。

宠物训导行业，欧美发达国家相对比较成熟，而国内才刚刚起步，因此专业的教材也有些滞后。看到中国在宠物训练市场的空白，胡柳峰才毅然决定肩负起这份责任，去开拓国内的宠物训导市场。

2014年初，胡柳峰成立了南京优它宠物用品有限公司，并创办南京优它宠物训练学校。

学校坐落于南京著名风景——沙漠风情园内，占地5000余平方米，配套设施齐全，是南京及周边地区最专业的宠物行为训练学校。工作团队均是胡柳峰母校——江苏农牧科技职业学院毕业生。公司主要经营业务有宠物寄养、宠物行为训练、宠物竞技训练、宠物用品销售以及组织举办各类宠物比赛与展览。

胡柳峰的优它宠物用品有限公司，以“拥有它、优待它”为经营理念，扎实的训练技术与优质的服务能力，不仅受到客户青睐，在南京本地享有良好的口碑。南京周边的马鞍山、合肥、滁州、芜湖、常州、淮安、扬州、镇江等地的宠物主人，纷纷携宠物慕名而来。

尽管胡柳峰有创业之雄心，尽管已经得到了父母的大力支持，然而对于一个没有任何社会经验的人来说，要创业还是要面临很多挑战的，比如选择宠物训练学校的地址、公司的工商注册、具体的管理运营、宣传策划等，这一系列问题像一座座大山压得胡柳峰有些喘不过气来。

“让我训练狗倒是可以信手拈来，但是对于公司注册等事宜完全是抓瞎。”胡柳峰说。

身处南京，作为一个刚毕业的异乡人，要关系没关系，要资金没资金，所以事事都让胡柳峰倍感被动。首先是选择合适的场地，去哪找呢？胡柳峰心目中理想的场地一要租金实惠，二要交通便利，第三不能选在居民社区区，第四要有足够的房子供于装修改造，第五要有足够大的户外场地用来改造成草坪训练场。这些看似理想化的难题，也被胡柳峰的家人看在眼里，急在心里，刚刚下定支持孩子创业的决心也动摇了起来。在南京想找到这么个场地，简直就是不可能的事。

家里人又开始劝胡柳峰放弃创业，甚至他自己内心也有些动摇了，可命运好像总是眷顾敢于奋斗的人，一个偶然的机会，胡柳峰把自己遇到的难题跟他的一个客户说了，其实并不是想让客户帮忙，就是在绝望的时候找个人吐吐苦水罢了。不曾想，客户居然答应帮助胡柳峰解决办学场地的事宜。对于客户的许诺，胡柳峰自己并没抱有希望，但是偏偏客户帮他解决了这个大难题，帮他找到了一个度假村，这个度假村的所有条件跟自己的需求堪称是完美切合，最终场地的事解决了。

接着就是进行场地装修改造、公司注册的事。正好胡柳峰的父亲是做室内装修的，父子俩就在没有设计图纸的情况下，靠着口口相述把装修的事解决了。装修后的基地尽管看上去与自己理想的模样还差很远，但该有的硬件都有了。然后就是公司注册，正好一个客户是专门代理企业注册的，就把公司注册事宜托付给了这个客户代为办理。

办学地点有了，硬件设施到位了，公司也顺利成立了，接下来的事情就要靠胡柳峰自己了。他把要好的师弟和女朋友召集到身边，开始学习北、上、广一些知名宠物训练机构的运营模式，结合自己两年多的工作、学习经历，尝试用自媒体做宣传，同时印制了纸质宣传品放到一些宠物店和宠物医院里，再加上老客户口碑，就这样，胡柳峰的训练学校开始运转起来。

因为带着那份社会责任而创业，胡柳峰的创业之路是那么与众不同。那么，是什么原因让他专注于宠物训导呢？

每一个选择都是最好的安排

日本儿童教育鼻祖木村久说：“天才，就是强烈的兴趣和顽强的入迷。”这句话放在胡柳峰身上，也同样适用。正是因为对养小狗热爱，才使得胡柳峰对宠物行业如此坚持。

在农村老家长大的胡柳峰，家里养过很多小动物，如鸡、鸭、鹅、牛、羊等，胡柳峰最喜欢的动物就是狗。

父母在外打工，不经常回家，缺少父母关爱的胡柳峰，把狗当成最要好的朋友，去哪里都要带上它。可以说，胡柳峰在狗的陪伴中度过了愉快的童年。

高考结束，胡柳峰偷偷地填报了宠物训导与保健专业。在互联网刚刚兴起和发展的时代，宠物训导与保健可以说是十分冷门的专业。因此，他还遭到了父母的反对和朋友们的嘲笑。

在其他人的眼里，胡柳峰毕业后只能去当兽医。父母反对是因为他们希望胡柳峰未来能够成为一名医生。这样既有身份地位，收入又高。其实，胡柳峰自己也想考进医学院，学一个医学专业。但是，分数不够，胡柳峰又不想填报与医学不相关的专业，便选择了宠物训导与保健专业。抱着这样的想法，上了大学以后，胡柳峰更纠结了。

为了摆脱纠结不安的心理状态，胡柳峰不断地安慰自己：“宠物训导与保健专业同医疗是相关的，当不了医生就当个兽医吧。”自此，胡柳峰从心里开始接纳这个专业。慢慢地，胡柳峰发现自己挺喜欢、也更加愿意继续在这个专业上学习和发展。因为他知道，自己的每一个选择都是上天给自己最好的安排。

如今的胡柳峰，回想当年的往事时，觉得人生如果重来，他一定不会像之前那样被动地去选择宠物训导与保健专业。因为在胡柳峰心中，宠物给自己的生活带来了更加丰富的意义：“人还是希望有陪伴的动物，人的情感需要有地方宣泄。当人找不到情感寄托时，子女或亲人不在身边时，人的这种感情、这个宣泄口在哪儿呢？就是小动物。一个人对宠物的情感转移的越多，或者越溺爱，那说明这个人对爱的渴望、需求越大。”

很多刚毕业的大学生，总抱怨自己专业没选好，导致找不到工作。但是通过胡柳峰的案例，我们可以说，这世界上没有冷门的专业，没有不正确的专业，只有不好好学习、不好好努力的大学生。

年轻敢想，才能有创业灵感

年轻是什么？有人认为“人生得意须尽欢，莫使金樽空对月”。趁着年轻就应该尽情玩乐，随意挥霍光阴，才叫做不负青春；有人则认为年轻就是用来拼搏的，就算跌倒了也可以勇敢地站起来。胡柳峰认为，年轻不是放纵自己的借口，应该利用年轻的精力和充沛的时间，发掘自我、成就自我，这才是年轻真正的价值。

在上大学二年级时，胡柳峰开始了真正的专业学习和实操训练。

胡柳峰没有和其他同学一样，仅仅在学校的宠物繁育中心度过，而是一边在中心学习，一边在社会上的宠物店打工。

胡柳峰工作的宠物店，是一个类似于工作室的地方。刚刚参加工作的胡柳峰干劲十足，充满了朝气与活力。一有闲暇时间，老板和胡柳峰就带着小狗去空旷的草地玩飞盘。

老板把小狗训练得很好，很多养狗人士都慕名而来，向老板请教训练小狗的秘诀，跟老板交流心得。这样的情景让胡柳峰感受到了这个行业的价值，自己则更加努力了。

宠物店的老板喜欢胡柳峰忠厚老实的性格，更喜欢他积极工作的态度，因此一直把胡柳峰看作自己最信任的人。

有一次，老板有事要离开一段时间，就把店里面大大小小的事情都托付给了胡柳峰。最忙的时候，胡柳峰一个人需要管理二十多只狗。不仅要对小狗进行训练，还要给它们洗澡、陪它们遛弯、给它们打扫狗舍。

面对倍增的工作量，胡柳峰不但没有任何怨言，还把宠物店打理得井井有条。每当看到客人满意的笑容，胡柳峰心里就充满了成就感，觉得一切辛苦都是值得的。

在胡柳峰实习的过程中，发生了一件对他创业影响最大的事。

当时他捡到一只流浪狗。后来才知道，这只小狗并不是因为身体残疾、疾病等身体原因被遗弃，而是因为它主人的妻子对狗毛过敏，所以不得不忍痛割爱。心地善良的胡柳峰第一时间把它抱回了住所，可是在那年的夏天，小狗却因为生病而离开了这个美好的世界。

小狗的意外死亡，让胡柳峰久久不能释怀，他很自责，觉得是因为自己照顾不周所致，“如果能够再来一次，我一定给它找一个更好的住所，给它一个更好的生活环境，多带它出去玩，看着它撒欢。”

就在那时，胡柳峰产生了一个念头：“一定要建一个可以让宠物遮风避雨的基地，让它们的生活不再仅仅局限于狗舍、铁笼、狗链。”这是胡柳峰创业最初的动机。而他最终的梦想就是创造更好的条件，让自己有养狗的地方。

给你一年的时间，你能有多大的变化？胡柳峰从只是掌握理论知识，到灵活运用各种技能，包括宠物训练、基础诊疗技术、繁殖与饲养、美容与护理等。从现在来看，那时学习的宠物训导理论并不全面，如果没有那一年多在社会的实习经验，胡柳峰也不可能走到创业成功的这一天。

年轻就是需要大胆地想象，年轻就是需要有美好的憧憬，年轻就是资本，年轻就是无限的可能。对于胡柳峰来说，年轻就是财富。

背离时代，一腔热血只为实现梦想

有了项目创意，有了创业想法，胡柳峰开始为创业而准备了。

因为刚毕业，胡柳峰想到申请大学生创业贷款项目，但是等待了很长时间，最终还是没能审批下来。对于申请失败的原因，胡柳峰总结认为有两点：一是自己的创业项目与时代发展的大趋势不相符，毕竟如今是“互联网＋”的时代；二是自己对项目申报材料的准备不充分。

一个时代的大趋势中，必然会有无数人去跟随潮流，努力拼搏。但也有一部分人，选择坚持自己的原则，坚持自己的理想，就算不被时代认可，还是会勇往直前。

胡柳峰没有被时代的泡沫所迷惑，一直坚持自己的梦想。

对于胡柳峰创业这件事，不仅身边朋友表示全力支持，还得到了老师的赞扬。经过学校对胡柳峰创业项目的宣传，不少学生都开始视这位学长为榜样，当然，这也有助于胡柳峰在校内“招兵买马”。

随着创业伙伴的不断加入，让胡柳峰更加坚定了创业的信心。他虽深知创业道路不会一帆风顺，却没料到坎坷会来的如此之快。

艰难起步，未来渺茫众人离

阿里巴巴集团创始人马云说：“今天很残酷，明天更残酷，但后天很美好，绝大部分人死在明天晚上。”胡柳峰的创业已经到了“明天晚上”的生死攸关时刻。

很长一段时间后，胡柳峰时常望着窗外发呆，回想与伙伴度过的美好时光，以及大家说过的话：“一定要坚持到底，心中的理想绝对不能放弃……”谁曾料，陪伴自己熬过风雨侵袭的伙伴，在公司即将迎来彩虹之际，却各奔东西了。

当时的公司刚刚度过最艰难的瓶颈，即将步入发展期，这时，创业伙伴们对工资待遇却提出了异议。胡柳峰认为如果按照他们的要求把薪资提高，用于企业未来发展的资金就会出现缺口，所以委婉拒绝了。

比起管理公司，胡柳峰更注重技术的提升，这也是创业伙伴离开的原因之一。在那段时间里，工作占据了胡柳峰生活的全部，使得他与创业伙伴在工作上的矛盾转移到生活中来了。

在“互联网+”的时代背景下，创业伙伴不仅看不到宠物训练学校的未来，又对薪资不满，生活与工作的矛盾不断激化。

这三个方面的原因导致胡柳峰的伙伴先后离开了。

曾经的一个创业团队到最后只剩下了胡柳峰自己。一个人创业的日子是最难熬的，因为没有一个可以说话的人，所有的一切都要胡柳峰亲力亲为，让他倍感压力。

为了缓解压力，胡柳峰尝试了各种解压方式，跑步、读书、看电影、喝咖啡……可是都没有什么效果，最后他找到了一个最适合自己的解压方式——把自己关在房间里。

这个世界纷繁复杂，打开窗户就能听到来自各地的声音。我们太容易被这个世界所影响。为了生存忙忙碌碌，都忘了自己，忘了留一个与自己对话的时间和空间。

胡柳峰觉得，越是危机时刻，越需要冷静，越需要把脑袋放空，什么都不去想。只有这样，自己的精神才有喘息的地方，只有这样，自己的心才有平静的时刻。

最难过的时刻，胡柳峰无法自己独处，通常会喝一点酒，对着自己的宠物们说话。胡柳峰觉得比起与人沟通，内心深处的话对宠物诉说要来的更轻松。即使在艰难的时刻，胡柳峰也从没有想过要放弃，因为他非常自信，笃定自己一定能够创业成功。睡觉前，胡柳峰一遍一遍地告诉自己，“一定要把这个事情做好，一定要做下去。”

我们总觉得太自信也不是一件好事，就像太自卑是一件坏事一样。其实任何事都有两面性，正是胡柳峰超强的自信心，才支撑着他安然度过了“明天晚上”。

意外转折，顾客秒变合伙人

太阳不会因为谁的失意，改变自己的轨迹；月亮也不会因为谁的愤怒，改变自己的形状。学会客观地认识自己，学会冷静地看待事实，学会从失败中汲取经验，重新规划创业人生，才是胡柳峰需要重新思考的问题。

胡柳峰明白即使勉强渡过了难关，自己对于管理经验的欠缺，也容易导致历史重演。怎么办呢?

人们都说，“成功的盛筵，往往是给那些有准备的人。”胡柳峰开始准备找合伙人了。

找谁呢？正为这事烦恼的胡柳峰，接到了第一个客户的电话。在交流的过程中，胡柳峰无意透露出想要找合伙人的意向。

心领神会到这一点的客户，马上说道："你看我怎么样？"突如其来的发问，让胡柳峰愣在了原地，这个客户却显得十分淡然，似乎是早有准备一样，客户反而开始劝说起了胡柳峰。

就这样，认识多年的客户，变成了胡柳峰的合伙人。这个客户的加入不仅提供了资金，还利用自己的管理经验，给予公司在管理方向上的建议。

这个合伙人也与胡柳峰达成了共识，那就是无论如何，都必须保证员工的基本福利，这样才能给予员工努力工作的信心，尤其是要给每一位员工缴纳社会保险，让他们可以安心地在这里工作。

放眼全国，宠物训练行业也仅处在一个起步阶段。胡柳峰觉得，公司需要发展，首先就要有忠实的员工，而让员工留下的最好办法就是提供足够的保障。还有一个重要的原因，就是胡柳峰的宠物训练不比其他，需要给予员工足够的空间。

随着管理政策的改变，胡柳峰的公司顿时热闹了起来，工作氛围也变得轻松起来，员工和老板像朋友一样相处融洽，大家还给胡柳峰起了一个外号——岛主。

有这样一件事情，最令胡柳峰感动和难以忘怀。

有一天早晨，一个同事突然问："岛主今天怎么没来上班？"而此时的胡柳峰正在床上躺着，浑身滚烫，头上也冒着大汗。后来通过打电话，大家才得知"岛主"生病了。

电话里，胡柳峰交待了一下工作，继续卧床休息，却不知他的员工此时正在赶往他家的路上。

不一会儿，员工带着水果，带着各种感冒药、退烧药、冲剂，站在了胡柳峰家门前。

开门看到一张张熟悉的面孔，看着他们手里的东西，胡柳峰真的被感动了。"我在他们心目当中，可能是一个领军人物，或者说一个很强大的人，这个时候，却感觉自己特别弱小。”讲到这里，胡柳峰眼角湿润了。

这一次创业的转折，不但让胡柳峰看到了未来的希望，也让所有公司的员工对未来充满了希望。管理问题解决了，接下来胡柳峰需要解决新的问题了。

拥有它，优待它

就像养孩子要有教育方法一样，养宠物也需要做足功课。

如今，很多养宠物的人，可能是因为看到别人家的狗很可爱，所以自己也买来养一只。但实际上，有些人并没有做好养宠物的心理准备，更不知道如何给宠物一个温暖的“家”。

这些问题，不仅意味着宠物的生活会变得不尽人意，甚至还会引发社会问题，例如流浪狗、流浪猫数量的持续上升，层出不穷的虐待宠物事件。

尽管自己的力量是微乎其微的，但胡柳峰想帮助更多的人体验到这种养狗的快乐。那胡柳峰是如何行动的呢?

在快餐式阅读的时代，胡柳峰认为可以利用公众号的平台，给客户提供一些养宠物的知识普及是不可能的。为给客户更多养宠物方面的知识，胡柳峰还通过微信建立了一个客户群。在这个群里面，胡柳峰会经常发布一些关于宠物的知识。

这些知识，都不是长篇大论，而是一些精炼实用的技巧。如果有客人觉得自家宠物存在问题，还能够在群里同大家进行沟通交流。解决不了的，胡

柳峰就会亲自上手指导。

为了更好地与客户增进关系，为了让客户了解宠物的学习情况，胡柳峰想到一个好方法。就是把在训练时发生的事、狗与狗之间发生的事、训练的新内容等写成小故事，每天推送到公众号上，每日都进行更新，以增加客户体验。

经过一段时间的活动后，不少客户都在公司网站留言表示感谢。对胡柳峰来说，最欣慰的不是来自客户的夸赞，而是看到客户们对宠物态度的转变。客户们用正确的方式养育宠物，宠物也健康成长，就是胡柳峰最希望看到的场景。

十字路口，发展模式待改进

郭沫若在诗集《女神》中，引用了歌德的一句名言：永恒之女神，引导我们前行。创业家的永恒女神是什么呢？

企业承担着社会责任，承担着员工期待。胡柳峰的那个女神，就是他的责任感、他的理想、他的价值观、他的信念。现在胡柳峰走过了暴风骤雨的创业初期，跨过了崎岖泥泞的起步路程，即将迈向发展的十字路口。胡柳峰的发展方向是什么？

胡柳峰有一个大胆的规划，就是形成一套属于自己的宠物训导技术，然后把业务扩散到宠物行业的各个领域，包括医疗、宠物用品、宠物美容等。

打铁还需自身硬。这规划好的一切，还是需要从自身的服务做起。

对未来发展方向的构想，与胡柳峰2014年收养过的一条被客人遗弃的狗有些联系。那是胡柳峰养了两年多的一只狗，名字叫安迪。

安迪在原主人家里生活习惯很糟糕，不仅爱叫，大小便习惯也非常差。胡柳峰刚收养安迪时，安迪在自己的窝里又拉又尿，还用牙把垫子撕烂，这些行为令胡柳峰很是头疼。

接受过胡柳峰的训练后，安迪在行为上有了很大的改善。而且，胡柳峰也有意识地带着安迪去参加一些犬类的比赛。在这个过程中，安迪表现得十分乖巧。

有一次去重庆比赛，安迪拉肚子了。因为离服务区还挺远，开车时，胡柳峰听到安迪一直在后备箱的航空箱里折腾。等到安迪静了下来，大家都闻到了异味。胡柳峰心想：完了，由于没有携带洗护设备和用品，即便到了服务区也没办法给安迪洗澡啊！要是按着安迪以前的性格，肯定会把粪便粘得满身都是。想到这里，胡柳峰心里十分惶恐，鼓起勇气打开后备箱，发现安迪把大便拉在了航空箱的一角，自己蜷缩在另一角，身上一点没有粘到。那一刻，胡柳峰不由得感慨，这狗将是自己生命里不可或缺的一员。

对于安迪生病的事，胡柳峰十分自责。因为安迪发病前几天，表现反常，自己却没能及时关注。

生病前，胡柳峰每次出门，安迪从来不叫，也不拦着，自己待在窝里安静睡觉，但是安迪生病以后，异常地粘人，一刻也不愿意与胡柳峰分离，生怕胡柳峰一离开就再也见不到了。安迪那种依依不舍之情，胡柳峰并没有引起注意。现在想想，也许安迪是想告诉胡柳峰：“爸爸，安迪身体不舒服，你带我看病……”

等到胡柳峰发现时，安迪的病情已经发展到严重的地步了。送医院后，医生告诉胡柳峰，安迪因胰腺炎病发引起了肾衰竭，已经时日不多了。

即便如此，胡柳峰还是不遗余力地去救治安迪，安迪也特别体谅胡柳峰。好像安迪也不希望看到胡柳峰为自己难过的样子，总是偷偷地躲起来。等胡柳峰找到它时，它满脸一副“我不给主人添麻烦的神态”，这让胡柳峰很感动。这是动物的一种本能表现，当宠物发现主人知道了自己的病情后，宠物会选择安静地离开，或者找个陌生的地方自生自灭，不希望给主人添麻烦。

在胡柳峰心里，安迪已经不是一个宠物了，不仅是一个朋友，更是一个贴心的家人。胡柳峰说：“那种心灵感应让你感慨，它怎么会这么懂事，或者说是这么懂你。”

既然是家人，就应该给予它同家人一样的关怀，陪着它去医疗机构定期检查身体，定期带它去美容，可惜安迪已经没有机会去参加任何活动了。

胡柳峰认为：“每一只宠物都值得主人像家人一样对待。”他也希望每一个宠物的主人，都善待自己的宠物，因为它们就是人类身边的天使。

创业永远在路上

讴歌创业，用青春年华，诠释梦想的伟岸；憧憬成功，拼搏奋斗，胡柳峰坚信人生需要做一些有意义的事情，不虚度的人生，必将辉煌。

回首创业道路，胡柳峰说：“如果再给我一次机会的话，我可能会把创业之路理顺了，因为从整个过程来讲，真是东一榔头西一棒槌。很庆幸，优它就像我的小孩一样，可以与我一同健康成长。”

展望未来，胡柳峰并不认为已经创业成功了，因为创业是一条无尽的道路，没有真正成功的终点。胡柳峰将一直在创业的道路上，一路前行。

胡柳峰很支持大学生创业，因为创业本身是一件积极向上的事，希望有越来越多的大学生能够突破自我，勇敢创业。但是，很多大学生都存在一个误区，以为创业是很简单的一件事情，以为有钱就可以创业，或者说我找两三个人一起合资就可以创业。

在胡柳峰看来，若是没有足够的创业准备，创业很容易失败。换句话说，我们正处于创业潮流中，创业者并不少，但成功的人并不多。像胡柳峰这样小有成就的创业者，也不是一帆风顺的，一定是面对过无数困境的，一定是经历过无数挫折的。而那些失败的创业者，失败的根源就是把创业想象得太美好了。

胡柳峰认为做实体的创业，需要把自己的服务和产业做好，“那样的话，就算是外界的想介入，或者想把你给拿下的话，也会是一件很困难的事。”

目前国内做的最好的宠物训练基地，胡柳峰的宠物训练学校已能跻身其中。这是因为他拥有一个学习型的团队。胡柳峰看到中国的技术要落后欧美等发达国家至少二十多年，甚至三十年，“我们如果还一直停留在原地，不去学习的话，我觉得这将是一件很可怕的事情。”

越努力越优秀，胡柳峰就是这样一个创业者。他秉持着创业信念，他坚定不移地行走在创业路上，迎接着一路风雨，奔向彩虹；穿越一路迷雾，面向阳光；熬过最艰难的日子，不断学习，不断进步，只为迎接更美好的明天。

创业导师点评

曹斌

江苏农牧科技职业学院不断深化教育教学改革，把创新创业教育融入专业教育人才培养。

在专业建设工作中，构建了“三业(专业、产业、就业)互融、行校联动”人才培养模式，凝练出各专业开展创新创业教育的路径和方法，实现了专业教育与创新创业教育的交叉、渗透、融合。

学院构建了三层次的课程体系：第一层次面向全体学生，开设“职业发展与就业指导”、“创业实训”等通识必修课程；第二层次面向有较强创新、创业意愿和潜质的学生，开设SYB、KAB创业培训通识选修课程；第三层次面向部分拟创业学生，开设“创业模拟实训”选修课程。

学院通过培训学习、岗位认证、科研助推、实践锻炼等方式，建设了一支“会教能做、会做能教，情系三农、助农惠农”专兼结合的创业教育师资队伍。近几年来，培养专业带头人5名、骨干教师30名，聘任创业导师75名。

学院累计投资8亿多元，打造出“两园一企一街N中心”的大学生创业实践场所格局，即江苏现代畜牧科技园、江苏中药科技园、江苏中牧倍康药业有限公司、大学生创业一条街和140多个实训场所，依托创业实践场所开展“前店后厂(场)”创新创业实践。“前店”指大学生创业示范街真实经营的店铺及其连锁店，“后厂(场)”指学院建成的实训基地(中心)。“前店后厂(场)”的创新创业实践将专业知识、岗位技能、职业素质、创业能力与工作任务有机结合，学生在做中学、学中做。现有33个大学生创业项目入驻，3年来，已经培育800多名大学生“小老板”、“合伙人”。

学院实施“凤凰学子”创新创业引领计划，每年从大一新生中遴选20名勇创新、想创业、学业优的“凤凰学子”，配备导师，个性化培养创新创业拔尖人才。招就处负责举办“大学生创业方案设计大赛”，对在创业大赛中脱颖而出的项目引入大学生创业园进行创业孵化；教务处负责创新创业学生档案建立和学分管理；二级院(系)负责举办各类科技创新、创意设计、创业计划、模拟公司培训。设立创新创业奖学金，鼓励学生参加各级各类创新创业大赛。

胡柳峰是我院2012届宠物养护与训导专业毕业生，作为一名成功的大学生创业者，其成功主要归结于以下几点：一是他有着年轻的血液、蓬勃的朝气以及“初生牛犊不怕虎”的精神，这是一个创业者应该具备的素质；二是有对新兴行业的灵敏嗅觉，他嗅到了国内宠物训导行业的市场空白；三是能够学以致用，在学院宠物训导专业的三年学习，其铸造了过硬的技术技能。

创业之路，布满荆棘。创业者在选择项目时不要贪大求全，要从小着手；要有充分的准备，不要盲从；要寻找好的创业团队，不光要同甘，更要共苦；还要充分了解国家和政府对大学生创业的政策支持，等等。

本校双创教育

吉文林　江苏农牧科技职业学院党委书记

江苏农牧科技职业学院是我国东南沿海地区乃至南方14个省(市、自治区)唯一以培养农牧类技术技能人才为主的高等职业院校。学院坚持“紧扣农牧产业链办学、紧密结合产学研育人、紧跟区域经济增长极发展”的办学理念，累计培养现代农牧人才6万余人。

“素质硬、能力强、能吃苦、后劲足”已经成为我院历届毕业生的鲜明特色。宠物科技学院泰爱牧宠物美容院是学生创业孵化基地和宠物美容学生创业培训基地，已成功培养十届大学生在校进行创业实践，累计受益学生50余人，胡柳峰就是其中典型代表。

学院构建了创业教育与专业教育相融合的专业创业教育模式，依靠“前店后厂(场)”开展创新创业实践，实施“凤凰学子”创新引领计划，培养创新创业拔尖人才，走出了一条农牧院校大学生创新创业教育的特色之路。学院先后获“全国创新创业典型经验高校50强”“全国毕业生就业典型经验高校50强”“江苏省创业教育示范校”“江苏省大学生创业示范基地”等荣誉称号。

在当前“大众创业、万众创新”的大背景下，高校创新创业教育越来越受到重视。农业类高职院校需要紧扣现代农业转型升级需求，着力发挥产教融合的优势，依托专业开展创新创业教育，不断培养学生的创新精神、创业意识和创新创业能力。

教育专家点评

王飙　白银矿冶职业技术学院副院长

这是一个感人至深的创业者历程。从胡柳峰同学的追梦故事中，我感到职业院校不仅要将创业理念植入课堂教学，更应搭建起学校与社会共融的创业平台，积极鼓励和支持学生们大胆投身社会实践，在社会大潮中不断“冲浪”，锻炼出坚强的追梦毅志和社会责任感，同时，更应注重发现和挖掘每个学生的兴趣爱好，无论它有多么微小，都应给予各方面的支持和培育，因为从胡柳峰身上，我们更深地体会出“天才，就是强烈的兴趣和顽强的入迷”这句话的真谛。

吴宗保　天津交通职业学院院长

胡柳峰“一波三折”的创业经历告诉我们：“双创教育要重点培养学生的四大核心能力：一是认知能力，包括独立思考、语言表达等能力；二是合作能力，包括个人自我管理和处理个人与他人、个人与集体等关系的合作共事能力；三是职业能力，包括从事某一岗位工作应具备的职业精神等；四是创新创业能力，包括发现问题、解决问题、创办企业等能力。”为此，我们学院构建了“双创课程+双创实践+双创思维”的创新创业型人才培养模式，使双创教育贯穿于人才培养的全过程。

董从华　玉溪农业职业技术学院院长

大学生是最适合创业的群体，因为你本来就“一无所有”，也不用害怕失去什么；大学生也是最适合在“互联网+”时代下创业的群体，因为你生活、学习的时代，就是“互联网+”的时代。胡柳峰怀揣一份炽热的梦想，秉承一份坚定的信念，肩负着社会责任感和使命感，用开拓创新和脚踏实地谱写精彩的创业人生。教育的本能也在于此，在引人向善的道路上，教人懂得爱、付出爱，提升实践能力，锤炼创新精神；在创新创业的道路上，教会学生学会坚持、学会沉心、学会学习，能够耐得住寂寞、受得住质疑、忍得住白眼、扛得住压力。在我校的教育教学过程中，不仅要重视对技术技能的教授和培训，也要重视对精神品质的引导和历练。

思维决定前程，创意改变生活

——“科创达人”云曙先的创业故事

2012年，科技创新，他斩获了40余个荣誉奖项；2013年，他成立科技公司，致力于智能环保产品的研发及生产；2014年，他成立广告公司，涉足文化传媒产业；2015年，他的产品摆到北京天安门广场，引起轰动；2016年，他被评选为江苏省“青年双创英才”。他就是被《光明日报》称为“科创达人”的云曙先。

从创新到创业

云曙先，男，汉族，中共党员，1990年2月出生，2013年毕业于南京工业职业技术学院电子1041班，现为南京云思顿智能科技有限公司总经理，主营云思顿智能垃圾箱的研发、生产、销售，目前产品已经遍布全国18个省市，在全国拥有6个代理商，订单量超7200万元。曾获2012江苏省十大大学生年度人物、国家奖学金等40余项荣誉及奖项；拥有多项发明专利、实用新型专利、外观设计专利、软著、版权等，主持并完成3项“江苏省大学生实践创新项目”，被《光明日报》称为“高职院的科创达人”。

初识云曙先，他的自信、健谈与稳重，以及为人处世的周全、礼貌与果断，无不彰显出他“征战”商界多年的老练，一点都不像“90后工科男”。云曙先在校期间几乎包揽江苏省乃至全国创新创业大赛发明和创业类奖项，名下已有4家独资或合资公司，先后成功申请国家发明型专利24项、实用新型

专利28项、外观设计型专利7项、软件著作权1项、商标6个、版权1项。如今他依然热衷于发明，执着于创新创业。

这么多的荣誉和奖项，并不是云曙先的追求。以实用型的发明和技术改良为生产力，实现从创新到创业的跨越，才是云曙先的梦想。

创业之路漫长而艰辛，但是于云曙先而言，梦想和现实的距离越来越近！会当击水三千里，自信人生两百年，创意、发明、创新、创业、公益、思考、行动、进取、执着……在创新到创业的路上，云曙先到底经历了什么，为何他创业就能如此成功呢？

因为自卑，所以更要努力奔跑

我们总是天真地以为，每一个人都在某一方面有特殊的天赋，不需要艰苦奋斗，只要找到它就能成功；我们总天真以为成功的人，天生就是王者。

其实不然，往往越成功的人，背后越有无法言说的苦楚，越优秀的人越有自卑的时候。在自卑时有两种选择：一种就是破罐子破摔，越来越自卑，另一种就是与自卑做朋友。云曙先就是与自卑做朋友的人。

“我去年刚刚拿到南京大学法律专业自考本科的毕业证和学位证，这是我实现的目标之一。”云曙先说。云曙先上学时成绩一直很好，中考时甚至获得“双免”(免培养费+免学费)，进入当地重点高中，但令他郁闷的是，高考居然没有考进本科院校，而同班同学进入省内外重点大学的比比皆是，这给了他很大的刺激。

但云曙先并没有因此意志消沉、自怨自艾，他选择了面对。

云曙先不想就这样在家混天度日，于是决定利用高考后的第一个假期外出打工。在那段日子里，他去汽车修理厂当学徒，还去了当地一个最大的建材公司工作。

打工生活，让云曙先不仅接触了社会，更学到了一些实操性的手艺，比如他可以熟练地操控制作板材的压缩设备。云曙先沉浸在学习和成长的喜悦中，渐渐地，心底那种自卑被成就感替代。这次的暑期打工，云曙先得到了自己人生中“第一桶金”。

上大学后，云曙先也经常会利用寒暑假去参加社会实践，他深深领悟到“应该充满激情、追求更好的自己”。高考是云曙先人生的一次转折，如果云曙先没有勇气填补自卑引起的心里凹陷，那么他很可能一生都在匆匆忙忙、碌碌无为中荒废光阴。

目标是前进的灯塔

进入南京工业职业技术学院后，云曙先做的第一件事就是准备南京大学的本科自考，并在四年后顺利取得“双证”。

各项成绩保持名列前茅，是云曙先在南京工业职业技术学院设定的目标，而云曙先也的确做到了。在校时的5个学期，他的综合测评成绩都在班级排第一，总成绩在电子专业也是排名第一。同时，他还身兼三个社团的负责人，多次参加或带队参加各级各类创新创业大赛，均获得好成绩。

云曙先的目标意识强，意志力也超乎同龄人。“为了实现各项成绩名列前茅的目标，我跟老师近距离接触，每节课都坐在第一排，积极回应老师提出的问题，遇到有疑问的地方也是抓住时机提问。我每次都是在课堂上解决学习问题，课余时间就能做更多的事情了。”云曙先说。

在实现学业目标的基础上，云曙先又设定了创新创业目标。2013年1月15日，云曙先在老师的支持和帮助下，在南京工业职业技术学院金蝶大学科技园注册了南京博唯奋发智能科技中心个人独资企业，进行智能科技产品的研发和销售。“博唯奋发”正寄托了他奋发图强的决心。

随着发明项目的不断增多以及运营项目的不断拓展，云曙先先后参与了4家公司的运营，目前担任南京云思顿智能科技有限公司及南京云思顿广告传媒有限公司的总经理。合作伙伴有相识多年的好友，也有参加比赛时认识和在其他活动场合结识的志同道合者。云曙先的角色就是把控全局，同时也时刻关注细节。“公司是大家的，所以经营起来就要更加谨慎。”云曙先说。

年轻人总是渴望更多地了解世界，云曙先也一样。“我也有周游世界的规划，不过目前最主要的还是脚踏实地经营好公司，今年的目标是公司营业破7000万元。”目标是云曙先前进的灯塔，每到一个阶段该做什么，他早有规划。

除了学习，云曙先的兴趣也格外广泛，他可不想做一个书呆子。单杠、双杠、毽球、乒乓球、羽毛球、象棋、双节棍等都是云曙先喜欢的体育运动，因为喜欢画画，他还制作了属于自己的《抽象画集》和《韵思诗集》。但云曙先最热爱的还是发明、

创新与创造。

在大学两年半的时间里，云曙先后提交了17项专利申请，获批9项发明专利、7项实用新型专利，其中4项实用新型专利已获授权。在这期间，他还主导设计完成了智能航拍多功能四轴飞行器和大学生宿舍防火防盗报警系统两项省级科技立项项目。同时，他还与学校签订了成果转化协议，把9项专利委托给学校进行成果转化。云曙先的创新能力开始崭露头角了。

创新与生活接轨

任何的新事物的出现，主要还是源自生活中的发现。生活在校园内，让云曙先最无法忍受的就是垃圾桶散发出来的恶臭味。每天早上，一些同学习惯边吃早餐边往教室赶，吃剩的早餐就近丢进垃圾桶，有时候走得太急，垃圾就掉在垃圾桶外面，导致校园内的垃圾桶及周边都是垃圾，天热时还会恶臭弥漫。这一现象让云曙先萌生了发明“智能垃圾桶”的想法。

既要面向市场，又能真正解决人们在生活中遇到的实际问题，提高人们的生活质量，是创新的意义所在。2012年，国际大学生物联网创新创业大赛开赛在即，云曙先带队参赛，研发“智能垃圾桶”。“最初的设想是，智能垃圾桶要有压缩、除臭等功能，这样垃圾就不会溢出来，也不会散发出难闻的气味。”云曙先说。随着研究的不断深入，云曙先带领他的团队在市场调研和客户需求的基础上，不断改进产品，最终在2012年国际大学生物联网创新创业大赛中国总决赛中与全国各地院校的研究

生、本科生同台竞技，成为高职院校中唯一获奖的代表队。

走在就业还是创业的十字路口

成功的企业家都是通过一步步的成长蜕变而来的。就像云曙先一开始也没有想着去创业。在学校期间，除了忙于学习和搞点小发明以外，云曙先还参加了一个创业俱乐部。

在创业俱乐部里，云曙先慢慢地受到大家创业激情的影响，也开始在学校里尝试创业。

万事开头难，开始，云曙先跟着学长去卖袜子。原本以为卖袜子很简单，坐等收钱就行了。到了真正摆摊的时候，云曙先发现对于性格内向的自己，这的确很难。做买卖就要跟顾客交流，不交流怎么卖产品呢？有了困难就去克服，出现问题去想办法解决。云曙先开始试着与陌生人交流，为的就是把胆量练起来。慢慢地，自己的性格终于渐渐地开朗起来，他也发现了与人交流的乐趣，以致后来，变成了能说会道的“段子手”了。

有一次摆摊，两个小时赚了将近100多元钱，这把云曙先高兴坏了。高兴之余，云曙先开始有了新的想法。

做小买卖，并不是想着赚多少钱，主要是想锻炼下自己，转念一想，类似的小生意毕竟无法做大，而且随着电商的冲击，利润也会越来越小。自己要做点与大家不一样的事情。想到这里，云曙先就有点心动了。

心动不如行动。云曙先马上申报了一个校内的创业项目，并成功地拿到了创业店铺。云曙先拿着创业资金开了一家打印社，主要做打印复印，还有揽收快递的业务。

开店的那一年时间里，对于云曙先来说，只是创业之路的一种探索，至于商业模式、盈利模式，其还没有清晰的定位和考虑。不过从这个小店运营过程中的一些策略和技巧，也不难发现云曙先与生俱来的生意头脑。

比如他免费给同学们打印学习资料，这只是一种营销的手段，免费使用的打印纸背面必须带有广告。而做这些广告的企业，要给他一些宣传推广的费用，这真是一举两得。对于学生来讲，简直是一顿免费的大餐。对于投放广告的企业，可以更加有针对性地进行营销宣传。云曙先就是靠这样一个商业模式，把打印店做得风生水起。当然，涉及其他装订、装帧设计的业务，云曙先还是要收取费用的。

这次的创业经历，让云曙先喜欢上创业。但云曙先现在的身份还是学生，主要还是以学习为主。

2012年底，学校的教学计划结束，大家到了找工作的时候了，云曙先也不例外，好在他顺利地找到了一份同自己兴趣相投的工作。

云曙先工作了一年多，一开始在公司的研发部，后来到了系统集成部，再后来被调到了市场部，这一圈下来，云曙先基本上就把一个公司的运作模式体验了一遍。

跟同龄人相比，云曙先每个月一万块钱的收入已经算是不错的了。但在工作的过程中，云曙先也在思考一个问题：是这样每月拿薪水地干下去？还是走出去开拓属于自己的事业？云曙先走到了就业还是创业的十字路口。

内心深处对创业的向往，让云曙先做了一个大胆的尝试。2013年还没毕业，云曙先发现了一个可以牛刀小试的机会——他在南京工业职业技术学院金蝶大学科技园注册了南京博唯奋发智能科技中心，这是一个个人独资企业，主要业务是给客户申请专利等知识产权项目服务。接着，他又成立了南京云思顿智能科技有限公司，主要从事智能垃圾箱等智能科技产品的研发、销售，电子产品、信息技术、软件、工业设计方案，专利产品转化，创意创新设计等业务。云曙先在收获了创新果实的同时，终于实现了创业的梦想。

创新永不停歇

目前，智能垃圾桶已经更新换代了好几次，功能也更加齐全了。智能垃圾桶及其拓展装置主要用于垃圾的智能提示、收取、分类、回收等，产品创新点很多，如可以对垃圾进行自动压缩，在垃圾桶有限空间内扩大存储量等，大大减轻了环卫工人的工作量；在垃圾桶装满时发送短信提醒相关工作人员及时处理；当人靠近时，语音自动播报“保护环境，人人有责”、“请您正确投放垃圾”等提示；当垃圾桶完全满了时，自动声光报警，提示行人垃圾已满，不要再扔垃圾，很好地解决了垃圾外溢的问题；当传感器感受到有人扔垃圾时，驱动垃圾桶的箱门会自动打开，垃圾扔入桶内后箱门会自动关闭，防止垃圾异味溢出；垃圾桶还可根据语音提示和二维码扫描来进行智能分类；智能LED晚间提示，让行人在晚上更容易地找到垃圾桶，还可自动打包方便环卫工人处理，等等。

“智能垃圾桶主要通过物联网技术将分类的垃圾信息传递到控制中心，控制中心指挥进行垃圾的合理配置，这能很好地实现可回收垃圾资源的再利用，并大大降低垃圾处理成本，保护环境，很适合放在学校、社区等公共场所。同时我们还针对不同的客户需求制定了个性化的产品，如针对家庭使用的垃圾桶体积小巧，功能基本满足家庭垃圾处理的需求等。”云曙先说。

智能垃圾桶的创意不仅获了奖，还解决了垃圾处理的问题。“因为这个项目我还结识了很多专家，如南京大学的一位教师，后来还成为我们公司的兼职教授。南京一个企业出40万元购买智能垃圾桶的专利，但我没舍得卖。”云曙先说，智能垃圾桶如今是云曙先经营的南京云思顿智能科技有限公司的主打产品，并在不断研究改进中，根据客户的需求融合更多智能化的功能。

遭遇危机，绝境求生

创业过程中处处是危机。就像程浩在《站在两个世界的边缘》一书中说的：“真正牛逼的，不是那些可以随口拿来夸耀的事迹，而是那些在困境中依然保持微笑的凡人。”云曙先就是那样一个身在困境中仍然可以随时保持微笑的人。

早在创业初期，云曙先遇到几次上当受骗的事情。一次，云曙先接到一个客户的电话，说是要求制作一个样品出来。出于对合作方的信任，云曙先不惜花费几万块钱，按照客户的要求制造出了一个精美的样品。等到云曙先约客户见面时，客户却没有任何表示合作的意思，尽管样品做好交过去了，但是对方始终没有选择下订单，甚至后来干脆“人间蒸发”。一腔热血，换来的是竹篮打水一场空。员工的情绪都很失落，云曙先却微笑着安慰大家说：“失败是成功之母，我们现在要做的不是唉声叹气，而应该整理心情，总结经验，为下一次的成功做好充分的准备。”

这次受骗的经历，不仅没有令云曙先打消对客户的信任，反而激起了他对创业之路的新思考，他觉得是时候转变做事的方法和态度了。为此，云曙先制订一系列问题的解决方案，例如在客户要求看样品的时候，首先应该考虑这个订单是否成熟的问题，另外也会力求同客户签订意向订单，以杜绝类似事情的再次发生。

创业是一个不断面临问题进而解决问题的过程，而且是反反复复的过程，当你能够不断地发现问题、提出问题、解决问题时，你会发现你也在不断前进和发展。

创业刚开始的时候，需要让别人来买产品，但这一点是很难突破的。那个时候的云曙先，处于艰难的困境中。

为了更好地将公司研发的产品向市场进行推广，云曙先做了一个推广计划。他认为首先要把产品的设计理念普及开，顾客接受了产品理念，认可了产品的价值，自然而然会激发起购买的欲望。慢慢地公司的产品销售终于有了起色，一些订单陆续地找上门来。

这世界上哪有免费的午餐？不走弯路，怎能走向成功？创业本身就是一个摸索的过程。只有历经坎坷，历经风雨，才能看到希望。

四大平台，助力创业发展

“互联网+”的一声炮响，使中国市场经济也随之发生巨变。在这样的时代背景下，云曙先的创业思路也随之发生转变。

云曙先认为，新时代就应该有新思路，以往商家之间都是你死我活的竞争方式，其实在经济全球化的时代，我们应该团结起来，共同推动中国市场的发展和进步。为了落实自己的战略，云曙先开始利用平台来实现自己的创业梦想。

第一个平台是上市公司的平台。上市公司平台的搭建，给云曙先带来大量的资源。2015年下半年，云曙先的公司通过上市平台进行战略融资，收获了600万元的综合投资。

上市公司的平台搭建，给云曙先带来了资金，公司实现了跨越式的发

展。云曙先开始制定新的公司章程和相关规章制度。这一系列的变革，是对云曙先公司软实力的一次大提升。

第二个平台是云曙先的母校南京工业职业技术学院。云曙先的母校，对云曙先的创业提供了大力的支持。学校不仅给云曙先提供越来越多的资源，更是加强了双方的合作。2017年，是南京工业职业技术学院的百年校庆，云曙先希望在百年校庆的时候向母校提交一份满意的答卷，同时希望通过自己的创业经历，激励学弟学妹们的学习热情、创业热情。

第三个平台是校友会。云曙先本身就是南京工业职业技术学院校友会三分会的副会长，他发现在这个平台中，有很多十分优秀的校友。为了公司更好的发展，为了更接近成功的目标，云曙先做了一个大胆的决定，邀请一些校友会的成员一起进行战略合作。邀请到的校友会的成员，虽然年纪都比云曙先大，但他们都愿意来支持云曙先的事业，而且不仅仅是人参与进来，他们还带来了很多的社会资源。

第四个平台是北大纵横。云曙先在北大纵横的紫东班，各班级之间经常会有一些互动和交流的活动，在这过程中积累了一些优势资源。平台只是助力公司获取社会资源的一个方式。一个公司要想真正发展，想要实现稳定快速发展，需要做的工作还有很多。

创业永无止境

除了智能垃圾桶，云曙先还有众多的发明，如智能温控快速引炉器、便捷式三体式燃烧装置、便捷式伸缩充水一体化牙刷、创新静电除尘黑板擦、智能一体化便捷饮水装置、万能写纸、智能电动鞋、木梳清洁器、多功能便捷鞋架、稳定创新离心干鞋干衣器、万能便捷式拖载轮等。2011年，他带着“创新蔬菜”参加第六届全国高职高专“发明杯”创新创业大赛，获得发明类、创业类两个第一名。

“创新蔬菜”计划，即生吃蔬菜、液态蔬菜基地及其扩展战略，产品包括生吃蔬菜、液态蔬菜及特色蔬菜，传播“绿色蔬菜，品味健康生活”的理念。“在2011年前后，农药污染、转基因、环境污染以及由此引发的食品安全问题让人们对市面上购买的蔬菜多了几分担忧，借着参加创新创业大赛之机，我就想创造一种新的蔬菜吃法，传递健康理念。”云曙光说。当时学校创业俱乐部共有30多名会员，共申请了3个创业项目，结果“创新蔬菜”项目吸引了近一半的会员参与，这让云曙先对“创新蔬菜”项目更有信心了。

在确定项目后，云曙先与他的团队开始了市场调研。在调研过程中，吸引了南京市十几所高校的学生参与其中。“我们的调研活动主要分两类，一是针对不同人群展开调研，了解用户需求；二是选择了宿迁、淮安、徐州三个生产基地进行调研，计划承包100~300亩土地用于‘创新蔬菜’的种植、生产及研发。因为有南京市十几所高校学生的参与，我们的调研及之后的试吃活动都开展得很顺利，影响力也很大。”云曙先说。他当时还邀请到了南京农业大学的一位研究生帮助他们研制“创新蔬菜”试吃产品的配比、吃法等，还有企业要与他们合作，其中有一家上海企业提出如果能够合作，企业一天就可以出产他们需要的有机西红柿10吨。

“创新蔬菜”的创业理念和可操作性都很强，但由于食品认证时间太长，程序烦琐，加上云曙先当时还是学生，学业繁重，导致该项目随着比赛的结束而被搁浅。“这个项目为我赢得了很多奖项和奖金，虽然目前还没有走向市场，但我依然非常看好它，终有一天我会创造条件让它走向市场。”云曙先坚定地说。

创业永无止境，云曙先在创业路上也遇到过很多“麻烦”，“有一次我们开车去山西签合同，往返连续开了三天三夜，去的途中还出了点小事故，人没事，但车头撞扁了，但是我们还是开着破车按约定时间赶到了客户那里。”云曙先笑着说。创业的过程虽然艰辛，但创业过程培养了他对市场的洞察力，而创新发明更是他不变的目标，如今公司还涉足无人机、环保等行业。

智能垃圾箱的项目已经成功获得诸多奖项，比如江苏省大学生优秀创业项目，南京市及栖霞区大学生优秀创业项目，2014年“挑战杯”创业实践挑战赛江苏省金奖，2014年“挑战杯”全国职业学校创新创效创业大赛全国一等奖，2014年被省教育厅、科技厅评为“最具潜力创业项目”，2015年获全国

“互联网+”江苏省决赛二等奖，2015年获评江苏省轻工业协会科技发明二等奖、紫东国际创意园“创业之星”，2016年获全国“互联网+”江苏省决赛金奖、全国铜奖。

在运营智能垃圾箱的过程中，他们调研了全国各个城市的垃圾箱和整体环卫系统情况，根据这些情况，他请来自意大利等国的设计师为公司设计了一批不同型号、外观美观的智能垃圾箱，由此不断地打开了国内市场。一路走来，他们完成了南京地铁集团项目、天津国家电网客服中心项目、南京国家电网客服中心项目、北京桑德集团项目、联通集团项目、华为集团项目、南京紫东国际创意园项目等数十个大型智能垃圾箱系统项目，产品覆盖了全国18个省市。

创业的路并非一帆风顺，在创业过程中，他们曾因产品故障，来回折返项目地和公司十多趟，他们曾因交货周期紧迫，跟着大货车压货睡在车里，他们也曾因现金流断裂等情况而陷入困境，但这一群充满干劲的小伙，克服重重困难，硬是把云思顿智能垃圾箱系列产品不断地销售到了越来越多的地方，如北京、上海、天津、广州、深圳、常州、合肥、贵州、重庆、长沙、邢台、唐山、大连、昆明……在公司忙碌时，他们也曾创造出连续加班一个月的情况，他们以顽强的毅力把自己的激情付诸实际。

在发展的过程中，他们也不断地探索新的合作模式，他们和南京工业职业技术学院等单位达成长期合作协议，不断增强研发实力，不断地增强产品的创新升级能力。他们免费给学校投放广告智能垃圾箱来获取广告收益，例如已经投放了南京大学、南京工业职业技术学院、南京邮电大学、南京师范大学、中国药科大学、江苏理工学院、金蝶科技园、天堂科技园、光华创业园等。此外，他们还在智能垃圾箱中植入YSD-IBEACON，将线下广告导入线上，更加精准，寻求智能垃圾箱与实际生活的更深入融合。

随着产品的深入发展，他们对垃圾处理和分类的认识越来越强，先后合作了1~2吨生物酶降解技术合作项目，以及终端垃圾处理项目。该项目设计产能是单日处理700吨，目前由于受到一些供给条件的限制，每天只能处理300~400吨左右。

在实际运作过程中，他们积极进取，参加展会去学习新的理念，去展现自身。经过努力，他们公司成为2014年第十届南京国际软件博览会参展商，2014年公司产品成功被南京市创业博物馆产品收录，公司成为2014年全国科技活动周参展单位，公司的产品成功地参加了2015年上海国际广告展、2015年国家环卫设备展、2015年南交会，2015年江苏省工业设计展、2015年江苏产品万里行兰州站、2016年江苏产品万里行太原站、2016年吉林环卫展、2017年江苏省移动研发中心展示、2017年苏州移动华为物联网发布会展示等，产品还在首都的天安门广场亮相。

企业文化是发展的根基

中国的民营企业平均生命周期还不到3年，而美国的企业平均生命周期是40年。中国与西方发达国家为什么会有这么大的差距？这让国内诸多的企业家捉摸不透。是企业文化造成的差距吗？那个不能直接带来经济效益和增加产值的“文化”，真的会有那么大的作用吗？答案是肯定的。

云曙先早已意识到这个问题，所以，在创业的开始阶段，他就根据自己的企业性质、目标、行业特点和实际情况制定了属于自己的企业文化。

云曙先将公司的使命定位为用发明点亮中国创造的天空，用踏实的努力成就一段科技创业的传奇，以“海到天边天作岸，山登绝顶我为峰”作为口号。正是在这样的公司文化指引下，云曙先取得了一个个傲人的成绩。

与此同时，云曙先也非常重视员工的日常创意文化活动，比如公司会经常组织晨跑宣传、旅游励志、创意比拼、头脑风暴等活动，同时也会定期组织技术培训和人文培训，参观科技展览等，提高员工的见识和综合竞争力。他还定期为员工采购学习素材和学习用书，提供报纸供大家每日学习、阅读。因为大家坚信，只要每日进步一点点，美好的未来一定属于自己。

在以创新发明改变世界为愿景的指引下，云曙先正以造最优质的产品，做最诚信的服务，造最利民的产品，让城市更清洁，让生活更美好为服务宗旨，全力向创行业一流，做全国第一的发展目标而努力着。

云曙先说，在他们公司里，有一种精神，时刻在警醒着大家，这也是公司文化的精髓所在，即：仰望天空、脚踏实地；团结拼搏、感恩奉献；开拓创新、敢为人先。

对于这24个字，云曙先有自己的理解：

仰望天空，脚踏实地，就是说在公司确立发展的大目标后，更要一步一个脚印，稳扎稳打，在不断上升的市场中抓住每一个机遇，争取为中国的环保事业贡献我们自己的一份力量。

团结，就是让整个团队拧成一股绳，劲往一处使，明确目标后就立即行动，遇到问题解决问题，快速高质完成项目。

拼搏，就是团队成员发扬不怕吃苦的精神，今日事今日毕，以公司大局为重，认真努力不含糊，本着今日的辛苦是为了明日的幸福的思想，公司上下积极奋斗，有拼劲，更好和充满智慧地在市场中树立搏杀的勇气和信心，把拼搏的精神不仅喊在口头上，更落实在行动上。

感恩，就是我们要有感恩之心，感恩祖国的大好时代，感恩父母亲人朋友同事，感恩所有关心支持爱护我们的人，怀着一颗感恩的心，做事则浑身充满能量，更加自信地去做好自己的事情。

关于公司管理，云曙先说比较认同《狼图腾》里面“狼”的精神。当今社会竞争激烈，大家应该时刻具有危机感。所以云曙先也一直在给团队灌输一种思想，就是大家跟随自己不仅仅是走在创业的路上，还是在实现自我的价值，在创造价值，只有给社会提供了价值，大家才能获取收益。

除了把公司的文化和管理落实到位，云曙先还要求公司全体员工在每天走进公司时必须保持昂扬的工作状态，同时劝导大家遇到困难不要怕，一定要积极应对。正是在这种积极思想的引领下，云曙先公司内部的整体执行效率大大提高。

说到云曙先的管理模式，实际上也与其他公司有些不同，云曙先采取的是部门负责人制，他将公司的各种事情分配下去，让各部门经理、部门负责人有充分的权力来调动公司的其他资源，逐渐让员工接受公司就是家的理念。

另外，对于公司执行力这块，云曙先的要求的是：如果部门经理安排错了，安排不好，员工先执行再说，有问题云曙先找部门经理，而不会直接找员工，这样明确了大家的责任意识。

一个产品的技术你可能很容易学会，一个公司的装饰你可能很容易模仿，唯独企业文化这种浸在人的骨子里面的东西你是无法复制的。

千帆过尽终不悔

云曙先认为创业的成功，并不是一步登天，而是在创业前做一定的积累，包括知识方面的积累、实践方面的积累等。

经过不断的努力，云曙先本人获誉不断，被评为2015年南京市栖霞区十大创业家，获2015年南京市创业明星称号、2016年江苏省“青年双创英才”等，在获得紫金汇创投种子轮投资后，他也成功获得了上市公司金智集团的战略投资。

“会当击水三千里，自信人间两百年”，是云曙先执着努力的不变信条，他将为中国的环保事业而不断奋

斗，他的智能垃圾箱将让城市变得更加清洁和美丽。

创业导师点评

周昱英

云曙先是我校校友中的一位杰出代表，在校期间同学尊敬师长，热爱学习，勤于实践，善于创新，是一位德智体美劳全面发展的好学生，在创新、创业、创意、创先上表现突出，先后在校级、省级以及国家级创新、创业比赛中屡获大奖，取得了了不起的成绩！他吃苦耐劳、勤奋钻研、勇于创新、不屈不挠，是广大同学学习的榜样。

一、健全机制落实到位，就业工作成效显著

学校传承创始人黄炎培先生“手脑并用”的职教理念，把“学做合一”作为工学结合人才培养模式改革的核心融入人才培养全过程，实现人才培养与企业需求零对接。同时，学校主动适应社会对人才的需求，以就业为导向，建立了“能上能下、能增能减、能开能停”的“招生、培养、就业”一体化联动机制，及时反映就业市场变化的专业结构调整机制，确保人才培养与社会需求对接。

通过多年的探索、学习和实践，学校确立起以创新创业教育为主线，以创业意识、创业素质和创业能力培养为重点，全面提高学生综合素质，促进学生全面发展的创业教育理念，依托创业网、校园集市、创业园、科技园、校外创业实践基地等，打造了“模拟—体验—苗圃—孵化—转化”五位一体的创业实践平台，形成了“全方位、全过程、互动式”的创业教育模式。

二、强化人才培养，就业工作特色彰显

学校遵循高职教育发展规律，以资源优势互补为原则，以制度建设为保障，以政校企行四方共建为突破口，探索实践“产教一体、寓学于工”的人才培养模式。

三、校企融合，打造高技能人才培养新平台

(一) 建章立制，奠定校企融合坚实基础

在办学机制上，打破学校教育在时间和空间上的限制，将其延伸到社会和各行业产业部门，与社会经济生活打成一片，运用社会的力量办教育，形成以学校为主体，以行业、企业为主导的办学体制，充分搭建有助于高技能人才成长的平台。

(二) 完善育人体系，创新构建校企合作模式

“校企合作、工学结合”是当前我国职业教育改革与发展的方向，也是学校办学与发展的指导思想。

(三) 服务地方社会，创建教育服务型高职校

由南工院牵头，多所高、中等职业院校、行业骨干企业共同参与成立江苏机电职教集团。通过集团运作，实现资源的最优化组合，充分提高职业教育适应市场和抗风险的能力。

四、人才培养出成效，优秀学子竞风采

(一) 赛场角逐勇夺魁

近五年，我校学生在全国赛事一等奖以上奖项就获得160余项。期间，学校共申请专利及软件著作1230项。

(二) 企业满意薪酬高

学校每年均开展毕业生和用人单位满意度调查，在用人单位满意度调查中，毕业生因综合素质高、专业基础牢固、工作作风硬而受到用人单位的一致好评，用人单位对毕业生满意度较高。

(三) 人才培养硕果丰

学校秉承黄炎培先生“手脑并用”办学理念，遵循教育部对高职教育指明的工学结合人才培养模式改革之路，取得了很好的育人效果。近年来，学

校涌现出一大批高素质创新创业学生典型，其先进事迹为高职生正名，为高职教育提供了诸多“正能量”，营造了良好的发展环境。

本校双创教育

孙爱武　南京工业职业技术学院党委书记

南京工业职业技术学院由著名教育家黄炎培于1918年创办，是国家首批示范性高职院校。近年来，学校先后荣获“全国高校毕业生就业典型经验高校”“高校学生科技创业实习基地”“全国高职高专院校创新教育基地”“江苏省高校毕业生就业先进集体”“江苏省大学生创业教育示范校”“江苏省大学生创业示范基地”世界职教院校联盟“应用研究与创新”金奖等多项荣誉。2015年，作为全国高职院校唯一代表，当选为中国高校创新创业教育联盟理事会副理事长单位。同年10月，学校牵头成立全国高等职业院校创新创业教育联盟，并当选为理事长单位。学校认真落实“立德树人”根本任务，坚持产教融合，构建了“全面覆盖、精英带动、全程融入、实践支撑”的创新创业教育体系，紧贴行业企业需求培养了一批双创型技术技能人才，有力助推了区域经济社会发展和产业转型升级，实现了“创新引领创业、创业带动就业”的良性互动发展。

近年来，学校在“创新、创业、创优”先进学生典型的选树和培育过程中，发现了人才，积累了经验，展现了成果，引领广大高职学生“找回了成才的自信、找寻了成才的梦想、找到了成才的路径”，同时培养出了一批创新创业优秀代表。比如云曙先，他在校期间即拥有了16项专利，毕业后更是带领教授、海归、博士自主创业，他把发明的智能垃圾桶摆到天安门广场，被《光明日报》誉为“高职院校的科创达人”。

作为中国现代职业教育的发源地，南京工业职业技术学院始终将坚持立德树人、推动现代职业教育体系的构建、办人民满意高职教育的历史使命实践于行，将培养多样化人才、传承技术技能、促进就业创业的重要职责担在肩头。

教育专家点评

黄友　四川财经职业学院党委书记

我们生在这创业就业的美好时代，就当用我们的青春和热血去创造美好的未来，也为国家的美丽愿景和人民的幸福生活添一块砖，献一份力。“高职院校科创达人”云曙光用他的发明专利、创业故事，诠释了高职院校学生的成长与成才，展示了高素质技术技能型人才的成长历程和责任担当。

纵观云曙光创业历程，我们看到高职院校学生应如何尽快地调整好自己高考失利的心态，还要有争取优异学业的定力，创业“博唯奋发”的决心。

创业要有梦想。青春年少，学生时代是逐梦的好时期，可以“自信人生二百年”。有了梦想，才会义无反顾地踏上创业之路。

创业要有激情。云曙光领悟到了“应该充满激情，追求更好的自己”。激情燃烧，动力永足，人要有股精气神，创业更要股精气神。

创业要有毅力。“创业艰难百战多”，胜败乃兵家常事，创业、失败、再创业、再失败也会是创业者，特别是学生创业者的常事。只有百折不挠，勇往直前，才能到达成功的彼岸。

创业要有新思维。“互联网+”一声炮响，给世界带来了新的技术革命，中国市场经济也随之巨变。新时代就应该有新思维，创业也应该有新思路。

创业要有协作：一个好汉三个帮。创业成功者都有一个优秀的团队，共进共退的利益相关者。创业成功，协作精神必不可少。

创业要有平台。云曙光创业的成功，就有上市公司的平台，母校的资源平台，校友会的社会资源平台，创业之路上要善于利用各种平台。

云曙光的创业历程，对当今高职教育提出了很多需要思考的现实问题。高职院校作为高技能型人才的培养和输送基地，除了培养人才的专业知识、专业技能和相应的创新创业技能外，更多地要培养他们的创新思维，要有远大眼光和视野，学院要站在推动社会整体发展价值的高度上去思考培养人才的问题。让高职院校成为政府、行业、企业发展实体经济的栋梁，衔接各方优质资源的纽带。

小牛一起犇，努力成大牛

——“校园创客”刘斌团队的创业故事

4个人，4种性格，但是却因兴趣走到了一起；4个人，4种人生目标，但是却因为创业梦想连接到了一起；4个人，4种经历，最后却殊途同归；4个人是这么不同，又那么相似。让我们一起来看四只小“牛”的别样人生。

在创业实践中积累经验

刘斌是2009年考上的大学，那一年正好赶上甲型H1N1流感的爆发，所以刘斌入学那年学校取消了军训，也取消了不少课外实践活动。但是，病毒的肆虐并没有阻止刘斌和同学们对大学丰富多彩生活的向往。大学的第一年，刘斌就成功申请加入到了学生会，平时也积极参与学校其他社团组织的各项活动。

第一年的大学生活，尽管与自己心目中的校园生活截然不同，但是在日常的学习和生活中，刘斌还是收获和成长了不少。

班长刘斌

通过参与社团活动，刘斌慢慢地喜欢上了团队协作，渐渐地喜欢上了同大家一起完成一项任务、一起策划一场活动。他还记得，每一个人物完成的时候，他与同学们一起开心、一起笑的场景。现在回头想想，也许这就是团队的魅力所在，也正是从这时开始，刘斌才真正感受到了“众人拾柴火焰高”的真谛。

2010年，刘斌开始通过学生会组织一些校园活动，他发起的感恩节系列活动，一直在母校延续到现在。这一年，刘斌还同舍友一起在宿舍开起简易的小卖铺，经营饮料、方便面、火腿等小零食。擅长砍价的负责进货，擅长交流的负责销售，心细的负责记账，俨然成了一个“小公司”。开张之后，小卖铺生意火爆，备受欢迎。记得那时候飞信刚刚流行，他们就通过飞信下订单，把商品送货上门，现在想一想，不就是现在流行的互联网外卖的模式吗？“自己真是错过了一个巨大的商机。”刘斌自嘲着继续说道：“所以，有了想法就一定要去付诸行动，去奋斗。将来的你一定会感谢现在奋斗的你。”

可惜好景不长，在宿舍开小卖部的事被学院的领导知道了，考虑到安全因素，小卖部被“勒令停业”了。

大三的时候，刘斌离开了学生会，离开了熟悉的工作环境，开始了新的创业之旅。

当时，学校为了让大家学以致用，鼓励学生们利用自己所学的专业知识去尝试创业，学校在场地提供、创业指导方面提供给了坚强的后盾。

当时刘斌和班里的十多个同学商量后，决定利用自己学习的畜牧知识，开办一家养鸡场。在多次讨论后，他们决定以散养的方式养土鸡和乌骨鸡。

决定了就开干。刘斌他们申请下来的创业基地是一个已荒废的养猪场，杂草丛生，要想在这里养鸡，必须要来一次彻底改造。补房顶、安窗户、接水电、铺地面，这段时间刘斌与同学们在基地一起吃盒饭，一起出谋划策。最后，养殖基地终于达到了理想的要求。

万事俱备，只等鸡来。刘斌和同学们迎来了第一批鸡苗。面对这些小鸡仔，刘斌和同学们像照顾自己的孩子那样日夜地呵护、守护着，但是，书本上学习的养殖知识跟现实差距太大，尽管大家都是按照书本上介绍的经验来进行操作，实际饲养经验终究不足，导致小鸡在不断地死掉。

刘斌到现在都清晰地记得那个大雨倾盆的晚上。雨一直下，房顶的防水可能因为太阳的暴晒有部分已经风化，雨水从房顶渗漏进了鸡舍，小鸡全部被淋湿，降雨引起气温骤降，小鸡们开始扎堆取暖，几百只小鸡，一层挤一层，最终，不幸的事情发生了，被挤在最下面和最里面的小鸡死了一大片。同学们急得直哭，可又无能为力，自此，大家也都开始意识到了创业的艰辛。

经过几次因疾病引起的损耗，第一批小鸡仔终于长大，也开始下蛋了，但是销路成了问题，最终造成了亏损。后来又尝试着养鹅，同样以失败告终。这一年的创业，大家几乎都是通宵达旦地走过来，尽管中间也有过不欢而散，也有过愁容满面。不过这次创业的过程，让刘斌他们懂得了磨刀不误砍柴工的道理，更懂得了理想与现实的差距。

之后的大学生活就只有了学习。2013年，刘斌考上了研究生，但是创业的念头始终在其脑海里呈现。

精彩的人生在于折腾

2013年9月，如多数同龄孩子一样，季小阳开始了梦寐以求的大学生活。

刚入大学，季小阳对什么都充满好奇。出于对小动物的热爱，季小阳选择了动物医学专业。

市场委员季小阳

记得军训的时候，学校社团组织招新活动。那时大家正躲在宿舍里午休，因为经过上午的训练大家早已筋疲力尽了。而此时的季小阳却趁着午休时间为进入学生会准备着参选作品。季小阳心仪的社团是学生会的宣传部，为此她精心准备了一幅风景画。

记得当时因为没有画板，所以她只能将画纸贴在门上进行创作。就这样凭借出色的演讲能力和一幅别出心裁的作品，季小阳顺利地进入了学校的宣传部。

军训结束后，校园平淡的生活让季小阳感到很无趣。她跟宿舍的小伙伴一同商议后集体干起了兼职。那段时间，发传单、端盘子、做推销、摆地摊，能干的兼职几乎都被自己尝了“鲜”。期间因为社会经验不足，没有戒备心而被中介公司骗过，同时也因为这些事情让季小阳有了更大胆的尝试，她开始自己联系商家去寻找合适的兼职工作。就这样，季小阳在忙忙碌碌中体验着大学生活中的五味杂陈。

两年的大学时光转眼即逝。刚上大三的季小阳顺利当上学校的宣传部部长。期间更是卖力地带领着宣传部的伙伴们一起做活动，拉赞助，搞比赛。尽管有时候毫无头绪，期间经常会遇到磕磕绊绊，但好在每次的结果是圆满的。“做任何事情只要敢尝试，并努力去做好每一件事，不轻易地放弃，好运也会移向你，这样你也一定会成功。”季小阳总结道。

一次偶然的机会，季小阳告诉大家说想创业，打算在学校附近卖饰品。同学们都以为他是在开玩笑。因为卖什么、去哪卖、货源去哪里找、本钱等因素都是要考虑的。

实际上这件事季小阳自己已经规划很久了，只是从来没跟其他人提过。大家尽管觉得有些不可思议，但是都非常支持季小阳的想法。

季小阳先上网看一下是否有合适的产品，在网吧待了两天后，他发现网上大都是些没用的信息，最后自己一无所获。

在大家都以为季小阳会因此而放弃的时候，他却决定孤身一人去北京上货。说干就干，在网上搜集了一些小商品批发市场的信息后，季小阳就直接买了去北京的火车票，开启了北京之旅。

北京这趟可谓是不虚此行，季小阳采购了不少在当地很难见到的饰品，回来后马上在学校附近租了间商铺，同时还在校内摆起了地摊。“根据地”+“游击战”的商业模式让季小阳的第一次生意启动起来。

可惜好景不长。由于自己的经验不足，所采购的饰品大都是根据自己的眼光挑选的，根本不符合大众的口味，最后只能在保证本钱的情况下将货物处理了。

季小阳的第一次创业就这样黯然地结束了。

这就是季小阳的大学生活，有过成功，有过失败。虽说算不上什么叱咤风云，但是可以说是丰富多彩，看似平平淡淡，但已经收获了想要的人生。人生，就在于折腾。这些阅历对季小阳来说，将是永远的财富，这也为季小阳日后的人生画上丰富多彩的一笔。

生活不止眼前的苟且

“如果说青春是一条横在每个人人生路途上的必经之河，那么我愿做我自己的那个摆渡人，渡她一场波澜壮阔。”这是白雪所追求的一种人生态度。

2014年秋天，23岁的白雪，以一名硕士研究生的身份进入内蒙古农业大学学习。在进行理论研究的同时，白雪也开始陆续进行一些科研工作。随着时间的推移，她渐渐从一个“菜鸟”蜕变成一个能独当一面的老手。

白雪评价自己是一个不懂得安分的人。因为想要疯狂成长的那颗心，无法让她成为一名如江南烟雨般与世无争的温婉女子。白雪时常告诫自己，要如男子般坚毅勇敢。

白雪

“如果说，人之一生终究会被生活所打败，但我想在这之前，总归还是要与它争上一争，因为我相信生活不止眼前的苟且，还有诗，还有远方。”白雪说。

为此，白雪开始舍弃作为一个青春女子应该有的正常生活，她不再花费时间在穿着打扮，不再为外面的浮躁世界而驻足观望，更不再为懒惰而买单。她开始学着沉淀自己，开始学着适应孤独，开始享受时间与成果的等量平衡，开始接受勇敢、进取的自己。

2016年，白雪成为一名博士研究生。

白雪开始体会到“舍得”二字在她生命里的意义。舍得，舍得，有舍必有得。白雪认为，人在高压面前，就该狠狠地逼自己一把，要不就不会明白到底能走多远。而在白雪所在的科研团队中，被给予的最多的就是压力，但收获最多的是动力。

同时，2016年对白雪来说也是得到充分锻炼的一年。白雪作为指导教师，以研究成果“活力基因”指导内蒙古农业大学动科院的几名大学生参加了“建行杯”第二届内蒙古自治区“互联网+”创新创业大赛，并获得创意组金奖，进而参加了“建行杯”第二届中国“互联网+”创新创业大赛的评比，一举夺得全国铜奖。

同时白雪还作为参赛队员，和“犇牛科技”创业团队的伙伴们一同参加了“建行杯”第二届内蒙古自治区“互联网+”大学生创新创业大赛，夺得金奖。与此同时，白雪他们乘胜追击，在全国12万个创业项目中脱颖而出，荣获“建行杯”第二届中国“互联网+”大学生创新创业大赛国家银奖。

作为“创新创业”新时代下的新畜牧人，白雪做到了不断从理论创新，到科研创新再到实践创新。

世界那么大，我想去走走

“世界那么大，我想去走走。”本是源于微博上一篇辞职信中的爆红语录，然而王宏却让它在自己的身上有了另外一种含义。

2011年9月15日，是王宏永远无法忘记的日子。她含泪把送自己南下上大学的父母送上火车，从此开始了充满挑战的旅程。

第二次“互联网+”创新创业大赛

从小受“包办”式教育的王宏对大学的生活充满憧憬，离开父母的照顾使王宏不得不开始学会独立。此时的王宏，对所有的新鲜事物都充满了好奇。

大一，面对着各形各色的社团招新，跃跃欲试的王宏向学生会及好几个社团递交了申请书。她清楚地记得，刚开学的那段时间，自己基本上是在准备各种各样的面试中度过。现在回过头想想，自己能走上创业这条路还真不是巧合。因为王宏清楚，想要做成一件事，就要有耐心、有恒心、有决心。

技术委员王宏

功夫不负有心人，王宏成功地进入了学生会，充分锻炼她的组织能力，同时也协助其他成员成功举办了学院、校级甚至全国级别的几次大型活动。

正是学生会的工作，让王宏早早地接触到了社会，也让她比身边的同学有了更多的想法。

此时，身边的同学都在忙着找兼职挣零花钱，可是由于兼职市场太过混乱，拖欠工资、利用找工作骗取学生钱财的情况时有发生。王宏觉得自己何不利用学生会和社团的工作身份，建立一个平台，专门为同学们提供兼职机会。这样既降低学生们由于缺乏社会经验造成的损失，又能锻炼自己。有了想法就要尽力去实现，于是王宏联合了几个志同道合的小伙伴马上干了起来。

起初，大家干得风生水起，但是团队成员始终没有将自己的身份转化成创业人的身份。创业初期的艰辛是王宏没有考虑到的。

为了降低用人成本，大家必须一人身兼数职，这样就会牺牲大量的个人时间。再加上缺少运营管理经验，费了半天力却得不到预期的效果。久而久之，大家也被拖得没有了动力，平台建设的事不了了之。

现在想起来王宏还是觉得很遗憾。创业不像过家家，不是召集一群人支起摊子就行。首先组建一个优势互补的团队是创业能否成功的关键，一个好汉三个帮才会有事半功倍的效果。

不过，王宏并不后悔那段充满汗水和欢笑的日子，因为正是这段经历让王宏知道自己并不是一个甘于寂寞的人。

王宏庆幸自己选择了外地求学之路。“如果没有这四年外地读书的经历，自己可能还是那个衣来伸手饭来张口永远长不大的孩子，可能我也不会成为犇牛团队中的一只小牛。”王宏总结说。

梦点燃的地方

四只“小牛”有着不同的经历，却有着相同的梦想，离开了谁都不会有今天的犇牛科技。他们是犇牛的一员，在这里没有你我之分，因为你中有我，我中有你。

2015年，“大众创业，万众创新”一声号召，千呼百应。

“创业”这两个字眼，再次闯入到大家的生活中。作为科研工作者，他们深知将科研成果与实际生产相结合才是最终的目的，更是科研的最终理想。只有为所需要的人提供帮助，甚至能推动某些方面的进步，才是科研成果的核心价值所在。

2015年9月10日，注定会成为犇牛团队成员难以忘却的日子。首届内蒙古“互联网+”大学生创新创业大赛开始了，而四只“小牛”的创业梦想也随之点燃。

接到学校有关此次活动的通知时正值暑假。刚一开始大家都还有些抵触，一是手边的工作已排得满满当当，二是觉得读研就该踏踏实实做实验、看文献、研究新技术、写高分文章。然而那颗想要通过创业来拼出精彩人生的心却是怎么藏也藏不住的。加上导师的一番话，最终让他们决定一试，并迅速组成了以刘斌为牵头人，季小阳、白雪、王宏为成员的创业团队——犇牛创业团队，大家都戏称自己为“小牛”。

在两个月的磨合、准备中，他们从一开始的集思广益想创意，到结合自己科研知识落地化；从一开始的东一句西一句，到一个眼神就能明白彼此，最终确定了接地气的畜牧与科研相结合的项目。而经过这段时间的磨合，犇牛创业团队的核心理念也一点一点形成——科技改变畜牧，数据成就未来。

通过查阅资料，走访牧场，结合四只“小牛”的专业知识，诞生了参赛项目——奶牛四维标记辅助管理系统。他们希望通过这套系统，改变我国传统畜牧业的窘态，实现大型集约化牧场实时化管理。

在参加项目比赛的两个多月时间里，团队成员没有一个人喊累，也没有一个人对分配的任务说不。通过校赛专家评委的评选，他们最终被学校推选到内蒙古自治区赛，直到获得自治区金奖。这一路走来，让他们曾经埋藏心底的那颗创业心再次燃起。

获得荣誉后的喜悦更让犇牛团队的每一个人干劲十足，加上内蒙古农业大学对大学生创新创业的支持，大家没有停下脚步，继续参加了第二届“创青春”内蒙古青年创新创业大赛，也正是这次大赛，让他们下定决心将项目落地，成立自己的公司，撸起袖子加油干，做更多有意义的事。

就这样，在2015年11月，四只“小牛”联合创办了内蒙古犇牛科技有限公司，从此大家又有了一个新的称呼“犇牛小伙伴”。四只“小牛”就此紧紧连在一起，大家不再分彼此，也不再是单独的某一个人。大家就像是一个有机体，各有所擅长，但是离了谁又都不行。

第一次“互联网+”创新创业大赛

走向更大的舞台

公司成立不久，第二届“互联网+”大学生创新创业大赛如期而至，去年参赛项目是奶牛四维标记辅助管理体系，那今年呢？犇牛科技最擅长的就是奶牛畜牧这方面，难道要拿去年的项目继续参加今年的项目评比？或是选择放弃？

经过多次讨论，大家还是决定再次参加，而且这次要以不一样的身份去参加。因为此时的犇牛团队不再是单纯的大学生代表，他们要以创客的身份，以一个初创公司的身份，让更多的人认识犇牛，了解犇牛。

经过讨论，最终参赛的项目名称定为“奶牛数字化生产管理系统”。想法是好的，但又要如何实施呢，如何更加规模化、更加系统化呢？

只是在实验室坐着想，肯定是不能解决问题的，所以四只“小牛”开始下牧场，进行实地考察，根据牧场现场的实际情况进行项目的开发和设计。

经过实地的考察他们发现，牧场的需求无非就是围绕如何从采食量、乳品品质、发情以及体型体况数据等方面对奶牛进行实时监测。痛点找到了，剩下的就要想办法解决。

由于是初创公司，科研经费和硬件设施还有些跟不上，犇牛团队只好选择同其他公司进行合作，这样才能将成本降到最低。

因为有了第一次的项目研发的经验，已经熟练掌握了其中的核心技术，

大家接下来各司所职，有的联系厂家，有的上网搜索专业资料，有的做预算，似乎每个人都有三头六臂，都在各显神通。

奶牛数字化生产管理系统很快就上线了，在别人看来项目已经基本完

成，但在领队刘斌看来，目前项目八字还没有一撇。因为该系统最核心部分的数据库还没有构建。如何收集不同品种奶牛体况指标来构建数据库成了目前创业团队急于解决的一道难题。

为此，刘斌跑了几家牧场，但配合的牧场却少之又少。难道要功亏一篑吗？上天总会眷顾辛勤付出的人。在大家的共同努力之下，他们最终攻克了构建数据库的难关。这时，大家更加深刻地理解了团队的重要性。

经过半年的努力，奶牛数字化生产管理系统终于成型了。这一套数字化的生产管理系统，可以为牧场提供全面系统的服务。

如期望一样，犇牛团队一路过关斩将，最终获得了内蒙古自治区的金奖，顺利进入全国网评阶段。

但是在比赛过程中一位评审对项目实际操作的可行性提出了质疑，而可行性确实是项目的一个硬伤。距离全国网评上传商业计划书和路演PPT只有4天的时间了，深受打击的犇牛团队要在这短短的4天时间里重新撰写商业计划书，无疑是巨大的挑战，更是对创业团队信心的挑战。

此刻的四只“小牛”就像霜打了的茄子，从比赛场地到回公司的路上都默不作声。“虽然有问题，但不代表我们就一定是输了，我们还有机会。”刘斌鼓励大家说道。

大家重新分配任务，紧锣密鼓地准备起来。就这样，大家不停地查找文献资料，不断地讨论，反反复复地修改，终于在报名截止时间前完成了项目的优化。

大家用努力证明了自己的实力，在网评结果出来的那天，犇牛团队的奶牛数字化生产管理系统项目成为唯一一个代表内蒙古自治区去参加全国大赛的项目。

面对别人的质疑和不看好，大家选择共同面对，努力寻找最佳的解决方案。正是这样一次次的历练，让他们变得越来越坚强，越来越自信。

师兄师姐，班长委员

由于犇牛科技是从一个科研团队组建成的一家公司，所以大家采取了班级制的管理方式进行公司管理。公司分设班长、团支书和委员，这种管理方式的好处对于这些还在读书的团队成员来说没有等级的压抑，还可以维持原来学生上学时的轻松氛围。团队中人人平等，没有等级分化，凡事讨论表决，没有一票否决或一票通过。

公司以“责任—考核—激励”为基本的管理理念，像上学时完成作业那样重视每一项任务。在公司，有必须完成的当日“作业”和一周检查一次的“周作业”。每人必须掌握基本技能，同时还要将自己擅长的经验与大家分享，说起来还真是有点像上学时的“一帮一”。

大家有良好的科研基础，有优秀的科研成果，但如何能将科研产品和公司运营相结合，是大家创业之初最大的困惑。不过还好，沟通成了团队不断前行的引擎。当然，这也得益于团队管理模式。大家亲如兄弟姐妹，但是又有明确的规章制度。

不经历风雨怎能见彩虹，前路依旧漫长，虽然犇牛科技在创新创业的道路上还要经历很多苦难，但大家相信，只要同心同力，团结坚定，犇牛科技一定会有一个美好的未来。

一基四翼的发展战略

犇牛科技成立一年多来，团队成员针对自身的情况和公司的长远发展目标，总结来讲就是“一基四翼”，一基是指以畜牧业为基础，四翼是公司的四大板块犇牛·数据、犇牛·掌沃、犇牛·质造和犇牛·视界。

这是一个大数据的时代，各行各业都有自己的大数据，比如在淘宝、百度上你能看到你关注信息的推送，这些都是大数据分析的结果，在畜牧行业也有大数据。动物的表型数据、基因型数据、序列信息等都是大数据。

所以四只“小牛”把公司主营先落脚到犇牛・数据模块上面。这一模块根据实际情况分为了数据分析服务和专业培训服务两大内容，而数据分析服务方面含有高通量测序服务、基因芯片服务和生物信息服务这三个部分。当然，数据分析只是一种手段，其实犇牛科技是想通过对数据和实践的理解，研发出可以实际运用到牧场的仪器。

于是，犇牛・质造模块应运而生。目前，被牛科技已经研发的仪器产品有自由采食槽、抓羊器、羊妈妈——羔羊自动哺乳器等，正在开发的还有羊体尺、体重测定系统、犇牛数字化生产管理系统等。

在犇牛・掌沃方面，犇牛科技根据实际需求，为了更好地面向广大师生进行远程面对面交流和手把手课程指导，推出了Seminar云教书服务。该服务基于云计算、安全、可定制的私有通信云平台，综合数据、语言、视频通信等相关服务，旨在方便师生进入视频协同和多地协作。大家只需要在电脑、手机或者平板上安装客户端就可开展多人会议。

犇牛・视界方面，犇牛科技开发出了FVF山羊绒细度仪，并首次将山羊绒单点检测升级为区域检测，极大地提高了纤维细度检测的速度和精度。该产品的推出很好地解决了目前细度需要集中测得问题，使养殖户可以随时测定、时刻掌握养殖动态，做到科学养殖。

通过这四大板块可以看到，犇牛科技主要是为科研工作者以及畜牧从业者提供服务，这也是大家从理论创新到实践创新的一个过程。

将分享进行到底

牛学汇，让传播知识变为一种习惯。

一个合格的创业团队，既要做出成果，更要分享成果。为了给更多从事畜牧科研的人员提供一个交流平台，实现共同进步，犇牛科技组建了“牛学汇”。

牛学汇，是一个包含科学技术培训、科研成果分享、交流及科技信息发布等为一体的综合性高新科技交流服务平台。平台致力于将科技创新与实践相结合，共同攻克科研难关。

科学研究是严谨的，但并非冷酷无情，在“牛学汇”所提供的平台上，每一个科研人员都有成千上百个硕士、博士作为自己的坚强后盾，大家在线上相互学习与交流，线下定期举办不同的科研讲座及技术培训。这里不仅有来自世界各地的科研大咖，更有来自各大知名科技公司的技术大咖。同时该平台还向所有参与者展示最新科研成果和最热门的高新技术，全方位为科研工作者补充“养分”。

目前，“牛学会”已经在内蒙古各大高校之间建立起了共享交流群，里面涵盖了创客和科研人员。创客在群中交流创业经验，科研人员讨论前沿科学。在交流群中，不时地有科研人员和创业人员相互碰撞出火花，产生出一个个产学研相结合的创业项目。这也是犇牛科技创办“牛学会”的初衷。

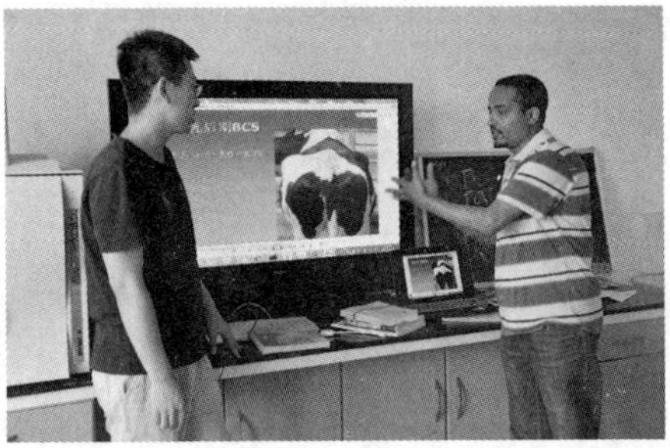

路漫漫其修远兮

基因测序是最近十年来国际上兴起的一种科学的基因检测方式，能在分子水平精准定位，对于提前预防及治疗人类疾病有明显的作用。基因测序相关产品和技术已由实验室研究演变到临床使用，可以说基因测序技术是下一个改变世界的技术。

我国涉及基因检测概念的公司目前已有几百家，主要分布在北京、上海、广州，仅这三地的企业就已占到全国企业80%以上，且这些企业大部分属初创型企业，大多以提供第三方基因检测服务的企业为主。

作为内蒙古自治区呼和浩特市唯一一家做生物信息的公司，犇牛科技也是测序市场百万大军中的一员。如今测序市场前景广阔，虽然犇牛科技现在没有涉及医学肿瘤方面，但在农业方面的测序服务分析领域是有足够的市场空间的。

对于基因测序市场，犇牛科技和四只“小牛”有着自己的规划。

第一阶段，犇牛要将“牛学会”继续创办下去，为在校大学生提供兼职、实习的平台，让大学生于在校期间进入实习阶段，不仅学到知识，还可以领到工资，一举两得。

第二阶段，犇牛要构建家畜基因组数据库，做这种数据库是非常有前途的，不仅保护了物种的样本信息，还对数据查询、统计分析以及数据挖掘提供资源，成为一个科研协作的平台。

未来对于犇牛科技来说，需要继续加强与公司、国内外高校、科研院所的合作，不断增强新产品的自主研发能力与优质服务模式的创新能力，加快科技成果的转化，推动公司进一步发展。

就测序市场，未来还有可能有更多想不到的新模式和领域出现，因为整个世界都在加快，无论是在医疗方面还是农业方面，基因测序这个行业进入了一个快速发展的阶段，要从中发现他们，抓住他们。

对于犇牛和四只“小牛”来说，市场发展空间非常巨大，只要抓住机会，相信犇牛科技一定会做出傲人的成绩。

创业导师点评

张文广

犇牛科技脱胎于家畜生物信息学及应用“草原英才”创新人才团队，小牛们在内蒙古农业大学动科院经历了不平凡的两、三年，他们从科研课题的历练到大赛的思考，再到项目的落地，都得益于4个不同性格、不同经历大学生的执着和团结。他们把创业当做自己的生活方式和思维方式的做法使他们能够放下别人所认为的创业压力，能够专心做自己喜欢的工作。

举凡科学研究，三分选题，三分勤毅，二分机遇，二分天赋。我们不是最聪明的，但我们是最努力的。我们师生在“科技改变畜牧、数据成就未来”的理念之下并肩作战，结合自身特色，发挥团队特长，取得了一定的科研成果，得到了国内外同行的普遍认可。犇牛科技创业团队在内蒙古农业大学的农业科研大舞台上充分发挥主观能动性，多次获得各级各类奖励。这给了我和学生们无限的鼓舞。小牛们能够将个人梦想(My Dream)和团队梦想(Our Dream)有机结合在一起，立足合作创新，收获重大突破，延伸无限梦想。

“为大于其细。天下大事，必作于细。”小牛致力于把农业科技数据的采集、分析和应用精细化，善于把他们在研究生期间所学、所想、所感转化为创业的源泉和动力，切实做到了从理论创新向应用创新和开发创新转变。犇牛科技创业团队的故事也给更多的在校大学生提供了新的就业和创业思考。作为犇牛科技创业团队的指导老师，我对此感到特别欣慰。

他山之石，可以攻玉，新道“点拨”在双创教育方面给予我们团队无私的帮助。

“没有人能随随便便成功”，犇牛科技创业团队在创业的道路上才刚刚开始，由衷祝愿他们在创新创业道路上的发展越来越好。

本校双创教育

侯晨曦　内蒙古农业大学副书记

内蒙古农业大学是自治区重点大学，是国家首批32个大学生文化素质教育基地之一。学校在人才培养方案中突显实践能力和创新精神的培养，从细微处促进学生成长和成才。学校开展创新创业教育在内容上突出“农业+”，依托农业特色和高科技相结合；“数据＋”，一切靠数据说话，做实农业科技产业；“大学+”，尤其注重学校多学科交叉和集成创新的支撑。在方法上就是突出抓好赛教结合，为学生提供丰富多彩的创新创业实践，把学生自身的创造力与导师团队的科研积累紧密结合，从而实现“指向创业创新，基于创新创业”，让创新创业教育结出崭新丰硕的果实。

怀揣梦想的4位大学生沐浴着创新创业的春风雨露，创办“犇牛科技”，为实现科技改变农业而努力。他们从动物遗传育种理论研究到生物信息学应用再到基因组大数据、表型信息大数据、管理过程大数据产业跨越的同时，也实现了人生的新跨越。这跨越来源于知识贮备、实践磨砺、创新执着和梦想高远。

“不积跬步，无以至千里；不积小流，无以成江海。”四只“小牛”创新创业的经历就是内蒙古农业大学无数青年学子的缩影，更是榜样。愿这个创业故事能启发和激励更多的朋辈，也愿更多的同学创出更为灿烂的业绩。

教育专家点评

袁光敏　湖南农业大学招生就业处副处长

这四位同学共同的特点就是勇于创新、敢于创业。在各自创业初期，基本都选择了资金回流快、周转迅速的贸易行业或者服务业。所以我们会发现也许他们最初在校园中尝试的时候会获得一些盈利。但是当他们真正在外界的经济环境中去运作一个企业的时候，往往会遇到很多意想不到的困难。归纳起来有如下原因。

(1) 忽视了农业项目的特殊性。首先，农业项目周期一般相对较长，俗话说“桃三李四杏五”，就是这个意思。第二，资金投入较大，回收周期较长。第三，不确定性因素过多，比如各类病虫害、气候等。可见，其项目往往风险较大，这也是很多农业项目在筹建初期需要政府扶植的原因之一。

(2) 缺少必要的企业运营知识。很多大学生创业最终不了了之，很重要的一点就是没有系统学习基本的企业运营知识。在风险预估、成本控制、资金链控制、团队成员管理与激励等方面还缺乏经验。

其创业故事对学校教学改革与发展具有很好的借鉴意义。

(1) 健全高校创业教育的教学与实训体系。高校的《创业基础》是面向全校学生的创新创业意识启蒙教育，我们俗称“撒种子”。这些种子不见得能在所有同学心中发芽，但是绝对会有一部分有创业热情，敢于尝试的学生会因此找到今后的发展方向。所以在此基础上，高校可以结合自身专业特色，为学生设计更高层次的创业类教育课程和创业实训平台，满足一部分同学的学习需求。

(2) 为学生设立相对灵活宽松的创业环境

大学生创业孵化基地是一个很好的创业平台，目前很多高校都有。学校可以此为平台，为学生创业团队提供法律、财务、工商税务、仓储管理等方面的培训与咨询。

(3) 以赛促建

文中四位有创业梦想的同学有着各自的优势与特点，他们能走到一起，其实就是借助了“互联网+”创业大赛的平台。团队采用“一基四翼”的发展构想为目标。一方面以学校优势学科为基础，另一方面整合了高校其他科研项目，通过大赛平台将其推向市场，促进高校与企业、高校之间的学术交流，资源、技术的共享与互补。这种“以赛促建”的方式值得在高校中推广。

明月本无心，行人自回首

——“草原巾帼”陈明月的创业故事

16岁，中考失败，走上大街做卖报郎，体验生活；18岁，做服务员，三天瘦三斤，贵在坚持；19岁，第一份正式工作，却惹得众人眼红，另谋生路；20岁，误打误撞成为导游，三个小时收入过千；22岁，组建艺术团，商业头脑开始显现；24岁，踏上创业之路，开始打拼属于自己的一片天地。她有着怎样的传奇故事？

明知山有虎，偏向虎山行

台下掌声响起，她一袭正装，在聚光灯束的照射下，站在了舞台中央。她微微泛红的脸颊，像是做错了事的孩子，局促不安。

这个人就是来自锡林郭勒大草原的蒙古族姑娘陈明月，她还有一个好听的蒙古语名字——特日根萨日，而特日根萨日翻译成汉语就是明月的意思。

这个土生土长的蒙古族姑娘，明媚皓齿，装扮时尚，整个人看上去从里到外，散发着青春与活力，同时还透出一股高冷的御女气质，自信而不失气场。

陈明月的自信源于那漫长的创业之旅。

当荣耀滴进时间的长河，那些创业艰辛的日子历历在目。没有客户时的艰难生存，有了客户后的万般劫难……每一次的挑战，每一次的突破，都是

对陈明月意志的磨砺，因为她相信创业路上，所有的坎坷、所有的颠沛流离，都是对自己能力的一次提升，也是对自身的一种检验。走在创业道路上，一定要有“明知山有虎偏向虎山行”的气魄，而自己每一小步的迈出，都是下一个成功的开始。尽管在展望不及辉煌和远眺不及璀璨时，她也曾经想过要放弃。

但“放弃”二字，在陈明月的字典里，却从未使用过。“再不疯狂，我们就老了。”这句话从陈明月嘴里说出来虽然感觉有点别扭，但是也不无道理。因为陈明月是有追求的人，世界那么大，自己一定要去闯一闯，去搏一搏。

“我不后悔，我所经历的一切，更不后悔所做的每一个选择。”经受住一连串创业考验后的陈明月，站在领奖台上，听着台下波涛汹涌般的掌声，她知道自己经历了什么。

就业难，创业更难，女孩子创业更是难上加难，但是陈明月却凭借自身的努力，赢得了社会广泛的关注，并获得了社会各界的认可。

2015年，陈明月入选“全国奋斗·青春——大学生创业就业人物事迹”。

2016年，陈明月被母校锡林郭勒职业学院授予“就业创业毕业生人物典型”荣誉称号。

而此时站在领奖台上的陈明月，不是为了证明自己的优秀，而是要告诉大家，坚持走创业道路的她，在社会各界的关注和帮助下，会更加坚强、勇敢、自信。

创业不是一朝一夕就能成功的事情，是值得我们一辈子为之奋斗的事业。从陈明月身上，可以看到了创业者不一样的魅力。

与生俱来的创业基因

陈明月的创业看起来是偶然，放眼陈明月的家庭，其实是有渊源的。陈明月遗传了父亲敢闯敢干的性格，因为父亲就是白手起家，开创属于自己的小事业，父亲用他那双勤劳的双手和乐观的心态，托起了一家人的生活，一家人的幸福。

陈明月父亲的故事说到这里，也许你会觉得，太普通，没有什么了不起，如果告诉你真相，你的态度可能会有所改变。

陈明月的父亲因为小儿麻痹留下后遗症，导致其右下肢走路不是很利索。对于陈明月的父亲来说，能够养活自己、维持正常的生活就已经十分不易，而他却靠着不服输的精神支撑起整个家。

尽管陈明月的父亲身有残疾，却并不屈服于命运的安排。他深知根据自己的身体状况，要在社会立足必须习有一技之长，但是身体现状导致他能够选择的行业少之又少，什么样的工作是能够坐在那里就能完成的呢。陈明月的父亲学历也不太高，高技术的行业自己肯定是做不了的，那就选择一些力所能及的行业干吧。

一次，陈明月的父亲由于家里门锁损坏去找修锁公司，但是找了一圈也没有找到可以提供修锁服务的人，无奈之下，只好自己拆卸下来进行修理。经过大半天的研究和琢磨，门锁终于修好，这时一个想法在陈明月父亲的脑海中崩发出来——我修锁找不到人，那身边其他邻居门锁如果坏掉了，也可能面临同样的问题，我何不自己开一家修锁店，一来可以解决自己就业的问题，二来可以给大家提供便利。

说干就干，找好了门脸房，再通过书籍学习了修锁的一些知识，老七开锁行就正式营业了。这一干就是十几年，而且除了修锁、开锁，陈明月的父亲还增加了锁具的销售，买卖做得越来越红火。

父亲的创业故事受到了社会各界的关注，被锡盟当地的媒体关注报道，并被树为创业典型。父亲的经历，时刻影响着陈明月的一言一行。

我们不知道陈明月父亲在自己创业前经历了一些什么，但我们可以想象得到，陈明月的父亲一个人能够忍住寂寞，习得一技之长，可谓是值得称赞；吞下各种偏见，鼓起勇气开辟一片属于自己事业，这种勇气更值得我们学习；能够把事业和家庭打理得井井有条，更是值得我们敬佩。

不服输的他靠自己的双手买了心仪的房子，开上了小汽车，拥有一个幸福美满的家庭；人生在世，还有什么可值得遗憾的？而其一步步实现美好生活的能力和忍耐力，正是现在无数在创业苦海中挣扎着的年轻人所缺乏的。

现在的年轻人，遇事容易着急上火，一有困难不是想着解决而是选择逃避，有甚者为了短期的利益，竟然选择铤而走险，走上违法犯罪的道路。不是这些年轻人傻，不是年轻人没有经济头脑，而是缺乏忍耐力和恒心。

由于父亲平时工作比较忙，母亲也有自己的工作，所以陈明月在很小的时候就开始独立生活。她很小的时候就学会了自己穿衣服，自己做早餐，自己整理书包，自己上学。而正是这种过早地独立生活，造就了今天陈明月坚强的性格。

谁也不是天生就会创业，谁也不是一出生就知道自己的未来。但父母的实际行动对自己的耳濡目染，却是潜移默化的。“父母能做的事，我也可以！”从这个意义上来说，孩子不仅是父母的翻版，而是加强版。

有人说，陈明月已经“青出于蓝而胜于蓝”了，因为陈明月公司的资产已远超过父亲好几倍了。但在陈明月的眼里，自己永远都是父亲的孩子，父亲永远是自己心中那个伟大的英雄，学习的榜样。

做卖报郎的那段日子

六月份的锡林郭勒，一片郁郁葱葱的景象，蓝蓝的天，白白的云，青青的草，还有那草原上遍地的羊群，驰骋中的骏马，这是多美的画面啊！陈明月却无心顾暇这美景，因为在这个闷热的夏天，自己中考失利了。由于没有考上自己理想的高中，很长一段时间自己都是闷闷不乐的，甚至不想出门见人。

邻居有位大姐姐正好也高三毕业，一心想着做兼职挣外块，但是又不想自己一个人去，于是就拉上陈明月一起作伴找工作。

由于从没有走上过社会，刚刚从校园出来的两个人四处碰壁，好在天无绝人之路，正好有家报社在招销售员，对于年龄和经验要求的也不是太严格，对于陈明月来说，最关键的是容易上手，因为这项工作她在电视机上已经看过很多遍——卖报纸。还未上岗她脑海里已经出现自己卖报纸的场景了：号外号外……

但是陈明月给自己定了一个时间，这个工作就干七天，不管再苦再累也必须坚持，七天之后再做打算。本来是陪着邻居姐姐找工作，没想到对方干了一天就打退堂鼓了，站在大街上吆喝着卖报纸，从心理上确实难以接受。

这其实是陈明月的第一份工作，她坚持下来了。她说能够坚持下来的一个原因，可能是同自己一起卖报纸的大都是同龄人，聊得来，大家相互之间没有当今职场上的尔虞我诈、勾心斗角。

没有任何经验，没有任何功利的想法，无论多艰辛都不食言。在七天当中，经历了风吹、雨淋、日晒，陈明月坚持了来，虽然到手的只有350元钱。

这一年的陈明月只有16岁。

工作没有好坏，只有做的好和做的不好的区别，而两者的区别就在于坚持与不坚持之间的选择。这种职业价值观的形成，促进了陈明月日后更加积极地去参加各种社会实践活动，增加社会经验，这也为陈明月的创业打下了基础。

暑假过后，看着同龄人背着书包开开心心地开始了高中生活，陈明月觉得既然工作能够坚持，那么自己在学习上也一定能够克服困难。所以她鼓起了勇气，请求父母让自己复读一年，并许诺一定会考上高中。果不其然，陈明月不仅考上了高中，还考上了最好的高中。付出什么就会收获什么，只要下定决心，陈明月觉得自己都可以完成得很好。

咬定青山不放松

有了第一次兼职的经验，陈明月也终于发现自己并不是一个安分的女孩儿。

转眼高中生活的第一个暑假就要到了，回家路上，陈明月思考着如何度过这个暑假。盘算之际，她恰巧看到一家火锅店，其大门的玻璃上贴着一张海报，赫然写着“招聘”两个大字。

好像这份工作注定与自己有缘，这一眼便坚定了陈明月的决心，反正不知道做什么，不如就去应聘服务员，学点社会经验的同时还能挣点零花钱。说干就干，陈明月推门就进了火锅店，给老板毛遂自荐一番。尽管有些话并不是发自内心，但是自己的诚意还是打动了火锅店的老板。

老板打量了一下做完自我介绍的陈明月，点点头，说：“嗯，不错。放假后就过来上班吧！”

一回到家，陈明月就兴奋地把自己找到工作的消息告诉了父母，他们听了也特别开心。父亲不愧是生意人，在替女儿找到工作而高兴的同时，也不忘提醒她：“别高兴得太早，打工可不比在家，要是干不下去了，就马上回来，别把自己身体累垮了。另外在外边工作挣钱是次要的，一定要注意人身安全，和同事们搞好关系。”

正应了那句老话，在父母眼中，子女永远是长不大的孩子。陈明月觉得父亲对自己的能力太不自信了，甚至有点失落，但她在心里却默默地告诫自己，一定要好好干，也相信自己一定能够干好。

在火锅店工作的第三天，下班后回到家的陈明月终于忍不住放声大哭。开始向母亲抱怨：“妈妈，我三天瘦了三斤！真的好累啊，在这里什么活都让我一个人干，那么大的饭店，让我一个人打扫，那么多人吃饭，端盘子端到手都无力了……”

尽管陈明月从小就学会了独立，但是在家中也是父母的掌上明珠，父母从来没有让她干过累活和重活，母亲心疼地轻声安慰，“姑娘，知道挣钱不容易了吧，以后等大学毕业了一定要找份安稳工作，现在你的任务就是要专心学习，争取考上一个好大学。”

父亲则表现得十分淡定，等陈明月哭诉完了，才开口说道，“要是干不下去就别干了，回家歇着。”母亲也接上话：“是啊孩子，回家好好待着，反正我们也没有指望你挣钱。”父母的话，却激起了陈明月的自尊心，“都已经说了做一个月服务员，自己选择的路，一定要坚持下去，自己认准的事，就一定要做下去。”

一个月很快过去了，陈明月拿着自己挣的钱，不仅给自己买了一身新衣服，还给父亲置办了一身新行头，剩下的钱上交给了母亲。这时的陈明月除了开心，还有一点小骄傲，心里觉得“爸妈，你看，女儿吃得起苦”。这一年，陈明月18岁。

是金子一定会发光

陈明月走的每一步，都带着坚强的光环，所以在不断尝试与不断成长的道路上，命运好像处处同自己作对，总是会遇上排挤和遭人嫉妒的事情，但是泥土永远无法遮挡金子的光辉，自己走到哪里永远放出异样的光彩。在这过程中所有受过的苦和所有走过的路，都将是自己宝贵的财富。

高考结束了，在等待成绩的那段日子，陈明月找到了一份卖彩票的工作。母亲也觉得这份工作挺不错的，不用风吹雨淋，也不用费太多的体力。

陈明月豪爽开朗的性格，使其所到之处总能吸引广泛的注意力。在卖彩票的一排档口中，陈明月的业绩是最好的。每天都有人定时定点来找陈明月购买彩票。

对待每一个上门的顾客，陈明月始终保持着微笑，加上亲切温和的语气，风趣幽默的谈笑，让每一个顾客开心而来，满意而归。

但能力出众的陈明月此时却不知道，自己惹上了“大麻烦”，周边几家彩票店看到其生意兴隆，开始在暗地里故意找茬。对于人与人之前的勾心斗角，这个刚刚走出校门的女孩儿有些招架不住了。“惹不起我还躲不起？”年轻气盛的陈明月辞职了。

很多人都羡慕那种说走就走的旅行，但是，对不适合自己的工作，却难以说走就走。陈明月的这次辞职，折射出她做事坚定果断的性格，也形成了陈明月工作有原则、办事有风格的特点，而这些社会经验的积累，无疑为陈明月日后的创业奠定了基础。

陈明月辞职离开彩票店后，虽然不用再看别人脸色，感觉一身轻松，但高三暑假漫长，自己肯定不能待在家里荒废了，该出去做点有意思的事情。

又一个机会来了，有个在旅行社工作的朋友让她过去帮忙，就是协助旅行社的导游做些客人引导方面的工作，六七月份的锡林郭勒正是旅游的旺季，别说是协助导游工作，即便真的干导游，陈明月觉得自己也不在话下，因为陈明月从小就在锡盟长大，她对这里的一草一木和当地文化再熟悉不过了，只不过自己没有导游证，只能干个打杂工。凭借活泼开朗的性格，陈明月第一天外出协助带团就拿到了第一笔“巨款”——1300块钱。

这对刚刚高中毕业的陈明月来说，自己都不敢相信，短短半天的时间，就拿到了1300元钱，简直太不可思议了。

“这是真的吗？我做梦了吗？”当时的陈明月，不禁默问自己。

看来有能力了，走到哪里都不愁挣钱啊。正应了那句老话：是金子，到哪儿都会发光。

生意头脑乍现

考上大学后，陈明月也没有闲着。

在校期间，陈明月积极参加各种社团组织的活动和比赛，而且她还加入了学校的礼仪部。

礼仪部主要是为学校举办的会议和活动提供礼仪服务的社团。但是从不安分的陈明月并没有老老实实地在社团待着，她想到既然学校会议需要提供这样的礼仪服务，那么社会上的一些会议和活动一定也会需要这样的服务。

想到了就立即行动。陈明月开始去联系商家，一开始一无所获，渐渐地偶尔会有一两家打电话邀请陈明月去做礼仪服务。

有一天，当地一家很有名的大公司给陈明月打来电话，让她帮忙多找些女孩子去会议现场做礼仪服务，这个电话让陈明月又有了新的思路——成立一个艺术团，进行商演活动。

陈明月利用学校的社团资源，迅速组织成立起了艺术团，她担任艺术团团长，团员都是在校大学生。从此，她们不放过任何一个空暇时间，进行节目的排练。

22岁的陈明月，商业头脑通过这两件小事彰显无疑，而她也从一个毛头小孩变成了团队领头人。这次的艺术团的管理经验，让陈明月日后的创业之路更加平坦。

除了做艺术团，由于在大三的时候教学计划基本上已经结束，所以陈明月也开始了求职。由于自己学的是会计，所以自己找工作的方向也是以对口为主。

有着社会经验的陈明月很快找到了一份工作，这是人生中第一次真正的工作，而且是跟自己的专业有关，所以陈明月格外珍惜这次工作的机会。但是尽管坚持了近一年的时间，而且自己也做到了独当一面，但是最终由于同公司老板的经营理念不合而辞职，尽管当时老板以让陈明月做股东为筹码，还是没能挽留下陈明月。

公交车上产下“金算盘”

2013年8月，锡林郭勒大草原上，漫山的植被，黄绿相间，没有多余的色彩和嘈杂，远远望去一片安静祥和的景象，风吹过来，拂过脸颊，暖暖的。空气里混合着清草的芳香，还有泥土的味道。而大学毕业在家的陈明月，却待不住了，她再次和邻居家的姐姐一起面试了同一个企业的同一个岗位。

面试完坐在回家的公交车上，陈明月和邻居姐姐看着沿线的街景，面试时的紧张立马消失殆尽，轻松和愉悦填满整个胸腔。就如同在美好的梦境里，两个小女孩在无忧无虑地谈论着理想和未来，过去和现在。

陈明月一边回想自己的经历，一边开始有了新的想法。“我们为什么不自己创业当老板呢？我们也可以开一个公司啊！”

邻居姐姐听到这句话十分惊讶，以为自己听错了，非要陈明月再说一遍。陈明月，一字一句念出来，邻居姐姐坐不住了，大喊“Yes！ Yes！ Yes！”原本安静的、嘈杂的公交车，在这一瞬间，安静了下来，所有的目光，都转向了陈明月两人，陈明月尴尬地笑笑表示抱歉。

事情过去很久后，陈明月才知道，为何当初在公交车上邻居姐姐那么激动。是因为邻居姐姐一直有创业的想法，曾经也和朋友们谈起过，别人都当笑话听，觉得一个女孩子说创业，简直就是天方夜谭。听到陈明月在公共场合说出自己的心声，邻居姐姐再也按捺不住激动的心情，开始和陈明月正式构想创业。

公交线路本来不长，可是在那一天，陈明月觉得时间过了很久，公交车似乎走了很远，和邻居姐姐聊了很多。而当时的陈明月，并不知道，自己随口的一句话，竟然决定了自己当下的事业。

有人说，创业是一辈子的事，因为人的一辈子太短了，只够爱一个人，只够做一件事，干好一份工作。陈明月在成长的过程中兜兜转转，终于找到了自己的定位，终于明白了，要做好一件事不难，难的是把这件事当成一辈子要做的事。

在公交车上私定“终身”，看似草率，看似鲁莽，看似只不过三分钟热度，但是放眼现在，社会上那些无业游民，他们不是找不到工作，而是连去找工作的激情都丧失了，更别提创业了。

如果每一个人都能够有了想法就去努力，并有把它实现的勇气和行动力，那么陈明月的确不是一个耀眼的人物。但是现在，我们的社会、我们身边的人，又有几个具有像陈明月一样迅速的执行力？

陈明月到家后就开始想公司的名字，联想到自己学的会计专业和与财务相关的工作，一个词崩了出来——金算盘，对，公司名字就叫金算盘，下午立即去工商局提交申请，这么霸气的执行力，这么迅速的行动力，这是创业者必备的激情要素。

困境中获得一线生机

2013年9月，陈明月的金算盘财务有限公司办完所有的注册手续，开始正式营业。刚起步的“金算盘”没有什么名气，起步阶段十分艰难，几个星期了都还没有一个客户。怎么办呢?

眼瞅着前期投入的资金都要打水漂了，如果再没有客户上门，自己真的就要关门了。想想公司成立之初身边的亲朋好友对自己的期望，陈明月不由得有些害怕了，她害怕的不是失败，而是身边人到时会用怎样的眼光看她，毕竟公司的大部分硬件设备都是这些亲朋好友们你送一件，他帮着买一件，一起帮忙“攒”起来的。公司真要是就这样关门了，自己将无颜面对“江东父老”。

看此场景，陈明月没有坐以待毙，有过卖报纸经验的陈明月，知道在报纸上可以刊登广告。打定了主意就马上付诸行动，陈明月在报纸上找了一个最显眼的位置，发布了一个关于公司业务介绍的信息。

客户还真的来了，而且还就是在报纸上看到了陈明月打的广告，因为那时候类似微信和公众号的自媒体营销还不是很火爆，纸媒成为当时公司宣传的第一选择。客户通过报纸上留下的电话，联系到陈明月，简单询问过后，便约定见面了。

第一次面对客户，陈明月十分紧张，头一天晚上，为了做好充分的准备，她一夜未眠，为的就是不想让客户知道自己公司是刚刚起步的。要让客户觉得自己的公司是有能力的，要让自己看起来像历经风雨的资深人员那样干练，对业务精通娴熟。

陈明月特意给自己买了一身职业装，精心地梳理装扮。见面当天，在陈明月身上，果然看不出是刚刚毕业的大学生，看不到青涩和闪烁飘忽的眼神，唯一看到的是，面谈当中淡定自如与信心满满的陈明月。

陈明月真诚地将自己公司的业务、优势以及对双方合作后的前景事无巨细地规划出来，详尽得当地介绍给客户。

陈明月看上去高冷的气质，干净利索的装扮与自信，淡定的交谈方式，再加上井然有序的报告说明，给第一个客户留下了深刻的印象。客户没有推辞说以后再详谈，而是立刻签下了服务合同。

第一个客户终于拿下，自己的公司也可以继续运转下去了，这时的陈明月长长地舒了一口气。

第一次的成功给了陈明月强烈的信心，她坚信：只要努力，没有什么事会做不成，只要奋斗，没有什么事做不成功！陈明月也逐渐发现了自己有“霸道女总裁”的雏形了，因为无论什么事情，对自己来说都不再是难事。尤其在寻找客户这方面，陈明月简直就是一个行走的“客户收割机”。

爱笑的女生运气不会太差

第二个客户是陈明月得来的意外惊喜。那天，陈明月正好出去办事，当时陈明月手里抱着一堆资料。电梯里只有她和另外一个男士，陈明月打量了一下对方，还是一个帅哥，于是主动“搭讪”。

“哥，你好，你也在这里办公吗？”

“是的。”

“你们公司有会计吗？”

“有。”

陈明月心想既然开始了就把话说完吧。

“我是做代理记账的，如果贵公司有这方面的业务或者需求可以联系我。”

她递给了对方一张名片，接下来的几秒钟里，电梯里的俩人开始静默，似乎空气都睡着了。

电梯门开了，陈明月正要往外走，对方突然叫住陈明月。

“等等！”

他挠挠头，显得不好意思地说。

“其实我们公司没有会计。”

陈明月觉得莫名其妙，但她有一种直觉，这个人将会是自己的客户。

“那你刚才不是说有嘛？”

“我是被你们这些搞推销的人给整怕了。”

看着对方那帅气的脸上显露出的尴尬表情，陈明月笑了。

“那你为什么又反悔了？”

“我觉得你给我的感觉跟其他人不同。”

好吧，就是一个感觉，让陈明月同这个人攀谈起来，聊起了业务。

可能是陈明月的真诚打动了对方，也可能是陈明月的创业激情感染了对方。第二天一大早，这个“帅哥”就给陈明月打来电话，让她帮助代理公司的注册和税务登记事宜。原来这也是一家刚刚起步的公司。

合作久了，他们的关系更像是朋友，陈明月后来还给他起了个绰号——电梯哥，每到逢年过节，这个“电梯哥”都会把自己公司新研发的肉制产品送给陈明月和她的同事一起分享。

万事开头难，自从顺利拿下这两个客户，陈明月对自己的公司越来越自信了。

实际上，陈明月读书期间并没有任何创业的想法，谈创业，想创业，敢创业，都是在一次次的机缘巧合中讨论出来的。也许这就是年轻的好处，创业就是要趁早，年轻就应该多去闯荡，敢闯敢干，不要害怕失败，勇往直前，想做就做，想干就干，说干就干，才是新时代年轻人创业该有的姿态。

塞翁失马，焉知非福

“既然选择了远方，就只有风雨兼程；既然热爱生命，一切都在意料之中”。

陈明月的公司就如同大海里的一叶扁舟，开始随着波涛起伏不定。陈明月会渡过这一次劫难吗？风雨来得比陈明月想象的还要快。

公司成立那年的12月，公司出现了危机。陈明月发现给一个客户做的账出现了问题。

陈明月深知这件事情的后果十分严重，对于陈明月来说，这是小事，可对于对方公司来说，这就是大事了，而且这也会损害公司的信誉和口碑，以后在这个行业里怎么混得下去？一瞬间各方压力开始浮现，陈明月身边的朋友和同事也都十分担心陈明月能否迈过这个坎。而陈明月自己则表现的十分淡定，因为她知道，自己不坚强，谁都无法帮助自己渡过难关。

她马上将发现的问题如实地同客户进行了沟通，好在客户那边的报表还没有上报相关部门，也就没有发生严重的后果。“谢天谢地，还来得及补救。”陈明月悬着的心终于落了下来。

而客户发现陈明月这种负责任的态度，更加坚定了日后的合作。

看准缺口，陈明月开始查漏补缺。陈明月开始更加积极地深入企业，更贴近客户，寻找更多的方法和途径去了解客户的需求，为客户提供更好的服务，提高服务质量的同时兼顾售后服务。

这样一来，不仅为陈明月的“金算盘”公司提高了知名度，口碑也提升了几个档次。服务出错的公司，后来还推荐了其他公司的业务给陈明月。就这样陈明月在牢固了老客户的基础上，不断地得到新的客户，公司也开始有了起色。这真是“塞翁失马，焉知非福”。

企业发展经过涅槃重生后，已经迈出了一大步，想要飞速发展，需要全方位“开挂”。怎么做呢？六个字——扩大业务范围。

陈明月觉得既然人的成长需要全面发展，企业的发展也是一样，需要全面发展。陈明月不仅会计代理服务，还开拓了代理报税、财务咨询服务和会计培训等新业务。

最初，陈明月这个想法并不被公司员工认可。有员工担心“公司刚刚有了起色，这么快就上新业务，公司和员工都不一定承受得了。”

陈明月表示，自己也深知这一点，但是，不试试怎么会知道不行呢？事实证明陈明月是对的，实践出真知，在实践过程中，总会得到意外的收获。

在这次实践中，陈明月发现，代理记账不是个稳定的行业，具有很大的风险。陈明月根据调查研究，看到有些公司在做大后会设立专职会计，也有些小微企业由于经营不善倒闭、注销。在这两种情况下，客户都不会再需要金算盘的服务，尤其是在锡林浩特这座小城市。这也就意味着陈明月如果继续下去，将会丧失许多客户，可能又会面临新的困境。怎么办？

陈明月为了扩大客户群体，实现多样经营，从2015年8月开始代理用友财务软件。对于陈明月来说，用友软件有很多好处。不仅自己的公司用得到，还可以推广到其他企业。经过努力地推广，很多当地企事业单位都已成为“用友”财务软件的忠实用户。用友软件让陈明月的事业又上了一个新台阶。

很多朋友看到陈明月发展到这里，开始惊叹。可是陈明月却很谦虚，“创业是九死一生的事，我很庆幸，我还活着！”低调的陈明月，开始抓住机遇，快步前进。

成功背后的靠山

说到陈明月的成功，她自己说有两个“靠山”，一个是同自己一路走过来的团队，一个是培养自己的母校。

作为一个刚走出大学校园的学生，尤其是一个女生，如何带好自己的团队，如何管理经营好自己的公司，是陈明月眼前面临的最大挑战。

陈明月说，自己公司的员工除了一个是具有几年社会经验的，其他几个人都如自己一样刚刚走出校门，他们同自己一样需要慢慢地成长，好在有个“专家”坐镇，所以陈明月并没有过多的担忧，毕竟创业之初，成本的节约还是第一位的。走到今天，之前入职的几个人都还追随在陈明月的身边。对于用什么方法去管理和笼络人心，陈明月的回答很简单，“把他们当做朋友、亲人看待”。

陈明月在公司的时候只跟大家谈工作，但是下班后就变成了好知己、好闺蜜。大家一起逛街，一起K歌，一起吃饭。大家俨然也把公司当做自己的一个家来对待。

“当然除了精神上大家的相互激励和支持，物质上也会做到让大家满意。”陈明月说。

再说说陈明月的另外一座靠山——锡林浩特市职业学院。

2015年初，陈明月的“金算盘”入驻母校锡林浩特市职业学院大学生创业孵化基地。基地不仅免费给陈明月提供办公场地，还提供了办公设备。在基地工作这段时间，除了物质上的帮助，母校给陈明月更多的是精神上的鼓励。

创业不是一件容易的事情，遇到困难的时候，基地的老师和同学们更像是家人一样帮助她，让陈明月觉得遇见再多的问题还有这样一个大家庭做陈明月坚强的后盾。

陈明月的“金算盘”公司后来与母校签订了实习基地的协议。仅2016

年，经管系就有11名学生在陈明月的公司实习，而且陈明月还积极为毕业的大学生推荐就业。这也是陈明月对母校的回报。

作为一名创业者，陈明月最深刻的感受是：第一，人生苦短，这辈子得做点让自己不后悔的事；第二，认准了这件事，做，用心做下去；第三，坚持本身就是成功。

对于2013年毕业于锡林浩特市职业学院经济管理系会计专业的陈明月来说，在本专业创业成功，在本地创业成功，有许多便利的地方。除了省却了部分场地、水电开支之外，还有更重要的含义——自己的企业可以在校内为学弟学妹们提供实习实训平台。陈明月希望把自己的成功带给更多的人，因为未来的希望就在这些大学生的身上。

创业永远在路上

俄国哲学家赫尔岑说过，“一朝开始便永远能将事业继续下去的人是幸福的。”走在创业路上的陈明月也是幸福的。

陈明月事业上的成功，就像卡耐基说的那样：“成功只有15%靠专业技术，另外的85%要依靠人际关系、外世技巧。软与硬是相对而言的。专业的技术是硬本领，善于处理人际关系的交际本领则是软本领。”

创业永无止境，就像生活没有尽头，因为我们不知道明天会发生什么，因为我们无法预测后天是否是世界末日。换句话说，创业的成功永远在路上，一路上获得的各种小小的奖项，是陈明月用来肯定自己、不断给予自己前行的精神食粮。

蒙古族有句著名的谚语，“赛马途上识骏马，摔跤场内识好汉；风浪里试舵手，战斗中试英雄”。陈明月也需要在创业的路途中坚持梦想，经过千锤百炼后才能真正成为最耀眼的那个“特日根萨日”。

创业导师点评

王军

锡林郭勒职业学院把提高创新创业人才培养质量作为创新创业教育改革的出发点和落脚点，完善人才培养方案，使创新创业教育与专业教育有机融合。结合专业特点和教材内容，在各专业课程设置中明确创新创业教育的目标要求，面向全校学生开设包括专业知识、职业知识、经营管理知识、综合性知识等在内的创新创业专业课程，专业教师将创新创业意识渗透到每一堂课，让学生“学专业、想创业、能创业”。

学院构建由“通识教育+专业教育+创新创业教育+创新创业实践”构成的创新创业教育体系，完善由“必修课程、选修课程、实践课程”等在内的创新创业教育课程体系。此外，学院还建设了一支高素质、多元化、专兼职教师队伍，选任一批具有一定的理论知识，或拥有一定创业经验的教师承担创新创业教学任务。

学院特别鼓励学生利用课余时间、假期时间进行创业实践活动，或与专业相关的社会实践活动。通过实践，培养运用知识分析问题、解决问题的能力和创新实践能力，促进学生实践式、体验式学习。

学院与政府、行业、企业协同合作开展创新创业教育实践活动，每年都组织创新创业创意大赛，赛事影响力大，学生参与度高。2015年开始学院与新道科技有限公司合作，共同研发大学生创新创业课程，指导“互联网＋”大学生创新创业大赛。

学院于2015年建立了2000平方米的“锡林郭勒职业学院大学生创业孵化基地”，配置了完整的办公设施及网络，创业团队可以免费入住。

陈明月是近年来锡林郭勒职业学院涌现出来的众多大学生创业者中的典型代表，陈明月之所以能创业成功，最重要的原因是敢于实践，勇于实践。创业，本来就是实践出来的，是做出来的。马云说，大学生创业更多的是“晚上想想千条路，早上醒来走原路”。陈明月并不是聪明人，也没有任何可以依靠的背景，她唯一能做的，就是去实践，去做。她用自己的行动证明了普通专科生，只要敢实践、选对路、不怕挫折，一样可以成功。

此外，陈明月身上体现出的创业精神也是重要原因，那就是她勇于创新、坚持不懈的性格特点，比如在因为自身资质不够不能成立公司的情况下，她积极主动寻找有资质的合伙人，完成了“专科生也可以做会计公司”这个看似无解的难题；又比如在行业竞争激烈开始打价格战时，陈明月又另辟蹊径开始进军财务办公软件和餐饮管理软件，正是这种勇于创新的行为特质成就了她的“金算盘”。

勇于实践和创业精神是大学生创业成功的不二法宝，成功永远不属于那些只拥有奇思妙想的人，而只属于那些在自己擅长的领域努力实践的人。

本校双创教育

史庆虎　锡林郭勒职业学院就业处副处长

锡林郭勒职业学院坐落于草原深处蒙古族聚集最集中的锡林郭勒，是本地区唯一一所高等院校，蒙古族生源占到41%。学院不仅承担着为本地区经济社会发展培养实用型人才的重任，同时承担着民族地区文化传承与保护的历史使命。

多年来，学院秉承“成就每一个人”的育人理念，“坚持创新发展，加强创新创业教育，在专业建设中有效融合新兴领域，与时俱进，培育创新创业先锋力量”，“以创新促创业，以创业带就业”，不断深化教育教学改革，广泛开展创新创业实践活动，培养学生创新创业意识，营造创新创业氛围，增强学生创新创业能力，构建创新育人体系，让学生想创业，能创业。

学院毕业生在各条战线、各自岗位表现出色，取得了骄人的成绩。尤可称道的是，许多毕业生走上了自主创业之路，他们披肝沥胆、锐意进取、大胆创新、敢作敢为，事业发展蒸蒸日上，成为当代大学生自主创业的楷模，成为学院的骄傲。

陈明月同学就是其中的佼佼者，希望同学们像他们一样，时刻铭记习近平总书记的谆谆教诲：好儿女志在四方，有志者奋斗无悔。让青春之花绽放在祖国最需要的地方，在实现中国梦的伟大实践中书写别样精彩的人生。

教育专家点评

范秀仁　江西旅游商贸职业学院副校长

受父亲的创业感染，勇于社会实践，在反复的磨砺中逐步积累形成了自己的创业素养，机会和成功终于赏赐给了有准备的草原姑娘陈明月同学。

职业院校尤其要创设各种实践机会，让学生利用业余时间得到充分的职业素养训练，在兼职工作、项目参与、实习见习等实践岗位中点燃创业激情。

让我们摆脱空洞的创新创业说教套路，从过多的知识教室走向偏弱的实践舞台，引企入校，以项目强专业，最大限度地发挥社会资源对应用型人才实践能力培养的支撑，放创新创业的“狼崽”去到社会的“大森林”吧！

四川娃的青春梦

——"人力专家"龙章其的创业故事

青春在指缝间滑落，贫穷与坚强在梦境里徘徊；踩着嘲讽的背影，背负着父母如山的希冀，从贫瘠的山村踏入了书香扑鼻的象牙塔。经历了风雨的淬炼，昔日稚嫩懵懂的辅导班少年，历经磨难，在群强环伺的富士康人力争夺战中突围而出。他就是今天的创业老兵——龙章其。

源起

在成都理工大学新生报到的人群中，一位小伙子站在成都理工大学的校门口，踌躇满志。看着其他谈笑着进出校门的同学，他双拳紧握。他双眼盯着校门口那个巨大的石刻校牌——成都理工大学，看着那遒劲有力的大字，红色的字体刺激着他那内心不羁的血液，而那石头更像一座大山，让自己压力倍增，设想校名被雕刻上去的场景，仿佛锤头敲打的并不是这块石头，而是在狠狠敲击着他那青春懵懂的心。

过去那些年的经历，仿佛历历在目，瞬时涌上心头，在看到录取通知书时父亲说的那番话，再次浮现在耳边："娃啊，咱家没处借钱了，没办法再供你上大学了！爹，真的对不住你啊！你自己想想办法吧！实在不行，就出去打工吧！"父亲说完，抹着眼泪走出了家门。母亲也对着他摇摇头，走了出去。他心里很清楚，家里真的没钱了！复读的学费都是找亲朋好友东拼西凑借来的。但他真的不甘心，难道就这样放弃吗？不，绝不！为了等待这一天，自己等了太久！绝不能放弃自己的梦想！一定要通过知识来改变自己的命运！用自己的努力去改变家庭的生活！

想到这里，原本暗淡失望的眼神又瞬间开始充满了锋芒。因为他明白，从这一刻开始，他要靠自己走完剩下的人生之路，不管前面是万丈深渊，还是荆棘满地，一定要走下去！

十年后，这个年轻人成为成都祥能劳务派遣有限公司创始人、总经理，他就是龙章其。

读书无用论激发斗志

龙章其自幼家境贫寒，读书对于他来讲是改变命运的最好出路。看着父母长年累月在田间里劳作的艰辛，家徒四壁的窘迫，让龙章其养成了自尊自强，不甘于向命运低头的坚强性格。

与城里人比起来，龙章其的家族可谓庞大，他的父亲共有五个兄弟姊妹，受传统观念的影响，家里的大部分人认为让孩子读书是个既浪费时间、又浪费金钱的苦事。为此，龙章其家的几个堂哥、堂姐都早早地退学，走上了外出打工之路。但是现在，当他们看到龙章其通过读书，打造出了一片属于自己的新天地，并且成为老板，他们内心很是羡慕，更是后悔当初的错误选择。

万般皆下品，唯有读书高。读书是每一个孩子的义务，也是开启自己命运的金钥匙，每个家庭都应该重视孩子的教育。

龙章其还记得，那时经常会有亲朋好友上门“苦口婆心”地劝说父母的场景：

“别让孩子读书啦，读书有什么用？上大学的钱得种多少年地才能挣过来啊！”

“我家孩子在广东又给汇钱回来了，钱攒够了，就让他回来，盖个房子，娶个媳妇，马上就能抱孙子啦。”

“我们家孩子的工资又涨了，现在一年挣得钱够你家孩子读好几年书的。”

“现在有多少大学生找不到工作？最后还不是同样给人打工？别花那个冤枉钱啦！”

……

类似的话当时尽管很少是当着龙章其面说的，但是偶尔也会传到他的耳朵里面，想到父母的不容易，为了尽快让父母过上幸福的好日子，甚至连龙章其自己都动摇了。“也许他们说的是对的。”龙章其心里念叨着。但是在读初中二年级时发生的一件事，让龙章其下定了决心——书，一定要读下去！

龙章其的姐姐在广东省中山市的一家工厂打工，那年暑假，姐姐邀请龙章其坐汽车到中山玩。等他下了汽车，看到一栋栋鳞次栉比的高楼大厦，还有那摩肩接踵的人群时，内心被震撼了。第一次出远门，感觉就像刘姥姥进大观园一样，他四处张望着，甚至停下脚步，想要把眼前最高的那一栋楼房的层数数一数，周围人都带着鄙夷的目光盯着他。或许是他简朴的衣着，让他们心生鄙夷。他甚至想尽快逃离了这个繁华的地方。

“当时如果真的像笑话里面讲到的那样，因为数楼层而被罚款，自己说不定也会因为没有数到顶层而暗自庆幸。”龙章其自嘲地说道。

在见到姐姐的那一刻，他似乎从姐姐那欲言又止的眼神里感觉到了什么。

地铁转地铁，然后公交转公交，当到了姐姐住处后，他看到是另一种场景：一间简陋的房间，里面只有一张床，还有一个灯泡散发着无助的光芒，屋里几乎连下脚的地方都没有。十几家的租户共用一个厨房和卫生间，整个楼道散发着难闻的气味。龙章其甚至还没有来得及抹去中山的繁华，突然之间就来到了这个看似是贫民窟的地方，他不知道在繁华的大都市中怎么还有类似城中村的存在。

当龙章其走在村里拥挤狭窄的街道上，仿佛自己突然走进了另外一个世界，总有一种不真实的感觉，似乎从天堂一下穿越到了地狱。看着周围人冰冷的目光，他感到自己仿佛是一个外来物种。或许是他的错觉，让他总有一种针芒在背的感觉。

本来以为出来打工，会像电视上演的那样，穿着干净的工作服，在干净明亮的工厂、车间工作，但是，姐姐的现状实际上正是自己村里的人出来的真实写照。一句话来总结就是：外表很光鲜，内心很惨淡。

这时的龙章其明白了，城市虽然繁华，但作为一名进城务工人员，只能是一名过客。而自己一定要通过自己的努力，成为城市的主人，不再受人白眼，不再这样用透支生命来换取金钱的方式生活。

从中山回来后，龙章其更加努力地学习，尽管仍有人不断地来规劝自己的父母让其退学出去打工，但是父母好像更加了解自己的孩子究竟是什么“料”，也相信自己的孩子通过读书一定会有一个更好的未来。就这样，在父母的坚持和鼓励下，龙章其顺利地读完初中和高中，并参加了高考。

不知道是压力过大还是什么原因，龙章其第一次高考失利，与自己心仪的大学失之交臂。他不敢回家，他害怕看到父母期待的眼神，怕身边那些“读书无用论”者对自己和家人的嘲讽。他甚至觉得自己就是一个懦夫。

当龙章其怀着不安的心情，回到了家里，把具体的情况告诉时，父母并没有像龙章其想象的那样，失望、自责、愤怒，给龙章其的感觉就两个字——平淡，似乎这个结果早已经在他们的意料之中。

龙章其把自己关在家里，考虑接下来该怎么办。“复读”和“打工”两个词不断地在其脑海里呈现，最终理智告诉他，自己一定要实现自己的梦想——复读一年。只不过这个决定对于自己的父母来讲，承受的压力可能会比自己要大上10倍、100倍。把复读的决定告诉父母，他也明白，即便家人答应他复读，但是家里现在已经一贫如洗，不可能有能力继续支持他去复读。但是父母的表现又一次出乎他的意料，父亲说：“娃啊，想去就去吧！咱家的希望都寄托在你身上了，你可不能让我们再失望了！”

看着父母那刻满沧桑的脸庞，龙章其的眼泪夺眶而出。

复读一年后，他终于考上了心仪已久的大学——成都理工大学，也就有了开篇的那一幕。

在绝望中寻找希望

大学终究还是要读下去的，可是学费怎么办？龙章其甚至有些绝望，父母那边实在不能再给他们任何压力了，能够支持自己读书到现在已经实属不易。但是问题总归要解决，他要通过自己的双手，去同命运做抗争。

从小学、初中到高中，龙章其一直是班上品学兼优的尖子生。读高中的时候，龙章其为了减轻父母的经济压力，开始利用假期，在一个为中小学生提供培训的课外班做兼职，而且通过观察，他发现培训班老板的收入相当可观。

“对，自己为什么不办一家培训班？投资少，见效快，挣到了钱，就可以支付上大学的费用了。”说干就干。想到这里，龙章其找了几个谈得来的同学，找到培训的场地，买来课桌板凳，第一次创业就这样开始了。

为了让学生家长知道和了解自己的培训班，他和同学们起早贪黑地去发宣传单，在中小学的校门口跟接送学生的家长攀谈交流，凡是能想到的办法都用上了。皇天不负苦心人，仅仅一周的时间，培训班就正式开班了。随着

培训班知名度的提高，咨询电话也渐渐多了起来。培训班的收益已经远远超出了龙章其的预期，他发现了这里面巨大的商机，决定迅速扩张自己的办学规模。

培训班的创业成功，为龙章其日后的创业人生打下了基础。但是毕竟自己的社会经验不足，培训班的开设也并非一帆风顺。

脱缰黑马，惨遭滑铁卢

培训班的顺风顺水，给了龙章其极大的信心，大二的暑假，龙章其觉得一家培训班已经不足以满足当前客户的需求，因此便开始了他的扩张计划，第二家、第三家培训班陆续开办起来。

规模大了，管理人员和培训的老师自然也成了要考虑的事情，龙章其邀请了有意向的同学和朋友一起加入到新开设的培训班。短短一年的时间里，龙章其扩张的步伐如脱缰的野马，迅速在四川、重庆下面的一些县市开设了多达35家培训机构，并且在一个暑期间，他获得了第一笔巨大的回报——10万元。

相比还在象牙塔中的同学来说，龙章其当时可以说是成功的，当其他同学开始找工作的时候，龙章其已经是多家培训班的小老板了。但是这样的创业经历对于龙章其来说并不一定是好事，因为没有经历过磨难，也就缺少了对风险的把控。

当培训班覆盖川渝两地时，龙章其没有想到，看似美好的未来，却步步危机，充满着陷阱。管理者和一线的老师之间的教育理念发生冲突，导致了龙章其的培训学校在其大学毕业这一年惨遭滑铁卢。心急吃不了热豆腐，是流传很久的古话，也同时反映了龙章其这一阶段失败的原因。

龙章其说："我们一开始太顺利了，我们的目的是赚钱，而大学生是希望得到一个锻炼的机会，所以理念的差异导致了培训班收益甚微。后期的时候仅有几个学校完成了任务并实现盈利，有一半的学校处于平衡，剩下的全部处于亏损状态，这使得龙章其最后不仅把前期赚来的钱全部又投了回去，最后还亏损10多万元。"这是因为我们没有足够的经验，贸然地扩张，没有对可能存在的风险进行任何规避和准备，才导致最后的失败。"龙章其总结说。

大道五十，天衍四十九。天道缺一，但留一线生机。

培训班的失利，让龙章其背上了债务，龙章其开始反省自己在这个过程中的问题。当然，事物都具有两面性，那些兼职做培训老师的大学生们，那些想通过实习适应社会的同学们，居然成为龙章其手里巨大的人脉资源。

龙章其在四川宜宾开设培训班的时候，认识了当地一个就业局的局长，当时富士康进驻四川，与政府签订了人才输送协议，龙章其手里的大学生资源刚好可以解决他们用工的难题。这也算是"柳暗花明"吧！

绝处逢生，结缘人力

龙章其利用手里丰富的人力资源，很快地就同当地的就业局达成了合作意向，并开始在学校与就业局之间来回奔波。很快，通过自己的努力就挽回了因为之前的盲目扩张带来的经济损失。但此时的龙章其还未发现人力资源潜在的社会价值。他只想进一步拓展自己的培训事业。因为在他心里，培训班才是他的本业。现在做的关于人力资源相关的工作只是自己的副业。

经过对培训市场的走访和调研，龙章其发现自己的培训班与本地其他规模较大的培训机构相比，还存在较大差距。比如，由于自己起步较晚，目前还没有稳定的生源，也没有高端的名师资源，更缺乏有效的管理能力，尤其是管理问题，更是给龙章其的业务发展带来巨大的挑战，否则也不会遭遇前面的“滑铁卢”事件。在了解了这些之后，他觉得如果再做培训班，可能还会是“死路一条”。

龙章其经过深思熟虑，最后终于决定放弃培训班的创业计划，开始借着这股就业的“春风”，另辟蹊径，转战人力资源服务。

前面提到了龙章其与当地的就业局达成了合作意向。其主要工作是输送寒暑假的学生工，但是用工单位不可能只在寒暑假开工，一些制造企业也急需社会工。

对于龙章其来说，在学校招聘一些学生还可以应付得来，但是真正地走出校门、走向社会，龙章其还是有些担心的，毕竟隔行如隔山。龙章其不仅不知道社会工的招工流程，也不知道招工的渠道。因此龙章其与几个朋友为了解决社会工的招聘，开始分工行动，分别去了凉山州、贵州、云南等地，寻找适合的工人。但是事情却比想象的更困难，不仅路子没有趟出来，一个工人也没有招到。

龙章其他们去的是一个比较落后的地区，生活在偏僻贫穷的农村人有很多的青壮劳力适合外出打工，在他们为此行沾沾自喜时，却听到这些的话。“你们就是骗子，我在城里见得多了！前几天我们的老乡就被你们这样的中介公司给骗了，因为大公司从来不会来这么偏僻的地方来招工！所以你们肯定是大骗子！”

这几句话让龙章其很被动，此行没有招到一个人。

这里虽然有大量的劳动力，龙章其却只能望人兴叹！但是那头已经跟就业局签订了服务协议，如果招不到工人就等于自己违约，这样不仅自己赚不到钱，还需要向对方支付违约金。龙章其最后听取了一个朋友的建议，开始选择与一些中职院校合作，却由于龙章其的公司是新成立的，中职院校对他们始终不理不睬，有的学校甚至连大门也进不去。这也难怪，龙章其的公司规模小，工作人员相对较少，再加上资金上的短板，是典型的皮包公司模样。

这个过程在持续了几个月后，龙章其终于坚持不下去而选择了放弃，虽然手里握有政府的订单，却一个人都招不上来，而且这个工作确实比龙章其想象得更复杂。这是一个漫长而又曲折的过程，培训班的沉重负债再加上几个月的忙碌奔波，开始让龙章其疲惫不堪，更是对自己的梦想产生了怀疑。

好在天无绝人之路，就在最艰难的时期，龙章其幸运地遇到了两个贵人，一位是当地就业局的局长，帮龙章其在政策上进行指导和培训；一位是天坤集团的董事长，让龙章其到天坤集团的人力资源部学习，掌握技能。后来，龙章其又先后前往苏州、河南，认真且系统地学习了人力公司的运作模式。虽然背负着沉重的债务，但经过慎重的思考，他决定回成都再度创业。

回到成都后，龙章其每天深入市场调研，结合之前的学习经历，研究市场上人力资源行业的工作模式和盈利模式。他甚至对富士康公司进行了长达一个星期的深度调查。通过走访富士康公司的人事部，加上对员工的工资薪酬、奖惩制度与晋升体制等规章制度的深度研究，他终于搞明白了之前自己团队存在的问题和失败的原因。

经过走访他发现，与政府合作风险系数较低，可以减少了创业的风险。于是，他利用与政府的再次合作，让事业很快走上正轨。

众人聚力，破茧化蝶

与政府的合作前期需要垫付部分资金，而当时的龙章其资金缺口高达100多万。经过慎重考虑，龙章其决定通过寻找合伙人来解决资金难题。

龙章其在身边的朋友中很快找到了一个愿意投资的人，但对方却只带来了40万现金，剩余的60万资金龙章其只好去找信贷渠道解决。在解决了资金问题后，又遇到了政府资金延期兑付问题，一开始约定的三个月因为外部因素延迟了半年，这使得龙章其的垫资成本再一次增加，加上其中有60万来自于信贷渠道，这使得后期的盈利都被用于偿还利息了。加上合伙人的突然撤资，对于龙章其来说，无疑是伤口上撒盐。困难不仅没有压垮龙章其，反而让他如涅槃的凤凰浴火重生，开始了又一次脱胎换骨。

站在创业悬崖边上的龙章其已经没有退路，他只能破釜沉舟、背水一战。他开始改变策略，不再以入股的形式寻求资金，他选择了借钱。

对于很多人来说，借钱与被借钱都是一件很为难的事。然而龙章其的同学和朋友们，却纷纷为他慷慨解囊，这份信任更加使得龙章其坚定了创业的决心。

在借款过程中，龙章其的一位师兄仗义出手，借了20万给他，他对龙章其说：“学弟，我作为你学长，很清楚创业的艰难。但我更相信你的能力！”龙章其紧紧握着学长的手，激动得说不出话来。后来，这20万学长没有让龙章其拿钱还，而是被折算成了公司10%的股份。

龙章其认为自己在人力资源行业的创业很像是一场掘金之旅，他知道，无论成功与失败，都要一往无前！优胜劣汰，这是历史规律，更是商战永恒的法则。他更知道，自己已经没有退路，只能勇往直前！

打开局面，初尝战果

龙章其为了开发周边市县的人力资源市场，拿下他们的订单，开始求助于他的朋友们，结果好像雨后的天空突然放晴，什么都在向着好的一面发展。

在这期间，龙章其在高中班主任的引荐下，顺利签下了与当地就业局的合作协议，这让他对开拓周边市场有了更大的信心。但是这一次的龙章其汲取了之前办培训班的经验，他没有贸然地进行业务扩张，而是稳扎稳打，慢慢地向周边地区辐射，以口碑和信誉赢得了当地政府相关就业部门的信任。在他和团队的不懈努力下，他一共与当地10个县、区里的8个就业部门达成合作关系。这让龙章其的公司进一步得到了发展。也正是这一次的顺利开拓，龙章其赚到了他在人力资源行业的第一桶金—— 200万。这次创业的成功，也让龙章其更加明白了创业的艰辛，更让他明白了创建优秀团队的重要。

因为2011—2012年度的业绩良好，虽然政府相关的服务订单要在2012年到期，但是他相信2013年政府相关部门一定还会继续做这个项目。因此，在不缺资金的情况下，龙章其决定打造属于自己的团队，减少中间环节，将利润最大化。

2013年一年的时间，龙章其开办了5个职介所，在甲级写字楼租用了130多平方米的办公室，完善了公司人员的配置和办公环境的优化。自此，每个月的固定支出高达15万。职介所的建立，是立足于龙章其预估2013年政府定会继续坚持人力资源服务政策的继续扶持基础上的。然而半年过去了，政府那边未见动静，龙章其人力资源的第一桶金很快将所剩无几。

到了2013年6月，龙章其再次感受到了危机。这大半年，他的收入基本为零。龙章其开始思考这一决策失误的原因。也是在这个阶段，他开始发现自己对人力资源行业还没有真正入门。

断臂止血，构建团队

由于业务的断档，公司收支出现了严重的不平衡甚至亏损，经过深思熟虑，他果断关掉这5家职介所。

龙章其也不得不开始重新审视自己的发展策略，并开始反思自己的优势和劣势。他发现，自己尽管业务能力很强，但是管理经验却还很匮乏，目前对市场和行业的理解也不够深刻，自己在制定战略的时候容易“大跃进”的思想一直存在。同时，公司管理不够规范，业务单一。针对这种情况，龙章其打算在业内寻找一位逻辑思维清晰、从业经验丰富的优秀管理者进入管理团队，同时寻找专业的核心团队成员来负责公司的具体业务，这样就能弥补自己的短板了。

经过他几个月的筛选，他发现了A。

A有着二十余年的行业工作经验，之前拥有自己的公司，但后来由于个人原因，A把自己的公司转让了出去，目前正好赋闲在家。

通过朋友的引荐，龙章其很快与A取得了联系。而自己去找到A的时候，A正打算重新出山，两人交谈甚欢。

经过与A的沟通，龙章其发现，A对人力资源的理解和发展规划体现了其丰富的实战经验。龙章其觉得A就是上天派给他的幸运之神。于是，他真诚恳请A加入他的公司，但是对方却拒绝了龙章其的邀请。

不过最终龙章其“三顾茅庐”，终于用自己的热情和诚恳的态度打动了A。龙章其让A出任公司总经理，并成为自己的股东。

根据客户单一和具体业务管理不够专业的问题，龙章其开始在行业里面甄选优秀的市场人员，并同时组建了市场部。

针对内部的管理不规范，龙章其请到了一位在国企中有六年人事行政管理经验的人，来负责公司内部的人事行政管理工作。

经过以上几个路径，总经办、综合部、市场部、运营部等部门建立起来了，公司的整个框架结构基本完善了。

部门建立起来以后，内部沟通和协调的问题又来了。尽管大家因为同样的梦想走到了一起，但是议事规则、性格融合和沟通协调等问题都急需解决。

经过半年的磨合，公司制定出了议事规则。目前公司的最高权力机构是股东会，股东会闭会期间，由公司的总经理对股东会的决议负全责。慢慢地，团队的向心力和凝聚力越来越强，一个一个的订单也随之而来。

龙章其接下来要做的事就是，进一步加大员工队伍能力素质的建设力度，不断提升综合服务水平，为客户提供全方位、优质、高效的服务。比如他积极鼓励自己的员工去参加人力资源管理师、人力资源高级法务师、职业指导师、心理咨询师等相关的专业培训。

在团队建设初见端倪以后，龙章其开始了公司运营的第二步计划，那就是制定公司的发展战略。

公司在2013年开始优化代招业务，提升服务标准，扩展业务范围，秉承“你用人，我用心”的公司文化理念，以“科学、规范、优质、快捷”的服务宗旨为指导，开始致力为企业提供人力资源整体解决方案。

具体做法是，龙章其将公司单一的代理招聘即代招业务，扩大到劳务派遣和劳务外包。劳务派遣方面龙章其有着自己的特色，他将中介式的劳务派遣顺利转化成为“企业用人，我们管人”的雇主式劳务派遣。劳务外包则开始专注对员工关系比如风险防控、成本控制等板块的深入研究，在行业内逐渐形成自己专有的特色服务，公司逐步创建出属于自己的服务质量标准体系。

2015年、2016年，公司连续两年顺利通过了EICC(《电子行业行为准

则》)的认证。

2017年，公司顺利通过了ISO9001认证。这也意味着龙章其公司的各项管理系统整合已达到了国际标准。

对于未来的发展，龙章其更是充满信心，目前他还在不断地优化着自己的业务，并有针对性地去选择优质领域去深入开拓市场。

阴差阳错，结缘九三

九三学社是以科学技术界高、中级知识分子为主的具有政治联盟特点的政党，是接受中国共产党领导、同中国共产党通力合作的亲密友党，是进步性与广泛性相统一、致力于中国特色社会主义事业的参政党。要加入九三学社对于龙章其来说是一件非常困难的事，但是也是他奋斗的一个目标。

而这时的龙章其已经在业内做到小有名气了。

龙章其开始在身边寻找九三社员，终于成为九三学社的积极分子。为了早日通过九三学社对自己的考验，成为正式社员，在成为积极分子的三年时间里，龙章其积极参与九三学社举办的各项活动，对于每一次的参政议政都积极做好准备，对于社会公共事业也积极投身参与，比如说捐款修桥铺路，为山区孩子捐赠过冬衣物，在母校成都理工大学以公司的名义设置了祥能奖学金，鼓励和帮助有需要的学生。

2015年，龙章其终于通过了九三学社的考验，得到了组织的认可，被接纳成为正式的九三社员。

成为九三学社社员之后的龙章其，积极参与四川省九三学社首届青年论坛的筹备工作，以及四川省第二届青年论坛的筹备等一系列大型活动。

龙章其说：“通过自己的努力，成功地加入九三学社，并且在这个过程

中得到成长，这是一笔非常巨大的财富，完善了我的人生规划，也让我对未来有了更好的安排和期待。我作为社会群体中的一员，只有放到社会中，才能实现我的个人价值和社会价值，而加入九三学社，不仅仅实现了我的梦想，也完善了自己的人生。在这里我学到了很多东西，对各种政策有了更深的认识，各项能力也得到了提高和锻炼。而在以后，我会更加努力地做好这些事情。”

功夫不负苦心人，在龙章其的努力下，九三学社不仅接纳了他，更给他提供了成长的空间。2017年2月25日，龙章其当选九三学社四川省青工委副秘书长。而龙章其的努力也得到了大家的一致认可，龙章其的公司被成都人力资源服务行业协会评为副会长单位、先进会员单位，以及邛崃市就业促进会的副会长单位，而龙章其本人也被聘为协会副会长。随后，因为成功创业，业绩突出，他还被四川省大学生创新创业活动中心聘为创业导师。

心得体会

家庭环境的实际情况带给龙章其读书和创业的动力，生活中的际遇让龙章其有了一颗坚韧不拔不服输的心。在创业过程中不管是艰辛还是成功，他始终不忘初心。

在龙章其的两次创业当中，他总结了一些经验。

首先，要有坚强的意志。创业之路充满荆棘，选择了就要咬牙坚持。选择一个行业，就要深入地进行研究，不能三心二意，也决不能轻言放弃。

其次，要有团队的精神。小富靠个人，大富靠团队。公司一定要重视团队合作，遇到问题，团队之间要进行充分的交流和沟通，心往一处想，劲往一处使。

最后，要有美好的愿景。每一个成功的创业者都是一个绝对的梦想家，所以企业的愿景尤为重要，同时要相信一切皆有可能。只有这样，才能克服创业过程中可能遇到的各种困难，最终取得创业的成功。

创业导师点评

徐胜兰

自古英雄出少年——龙章其就是成都理工大学成功创业的英雄少年。他来自贫困的农村，有着强烈的改变命运的决心，大学期间就开始各种尝试，历经市场经济的大浪淘沙，通过艰辛创业，获得人力资源行业的认可，初获创业成功。

龙章其的创业项目主要是从事人力资源服务，他的市场战略清晰，经营理念明确，团队建设有效，用青春的活力奋战在象牙塔之外的市场经济洪流之中，这对于一个二十岁出头的山里娃实为不易。

在眼前大学生难以就业的社会背景下，龙章其有敏锐的市场洞察力、吃苦耐劳的精神、持之以恒的耐力、学以致用的执行力，这些特质让他脱颖而出成为“草根创业”佼佼者，也成为大学校园挑灯夜读的学生们可以参照学习的榜样。

“梦想照亮未来”，愿龙章其的创业之路越来越接近他的宏伟梦想！

本校双创教育

郭朝辉　成都理工大学副校长

成都理工大学是四川省教育综合改革试点项目“地方本科院校大学生创新创业培育体系建设试点”，学校组织学生积极参加科技文化活动。截至2015年，在“挑战杯”全国大学生课外科技作品竞赛中获得国家二等奖5项、三等奖8项、科技进步奖(交叉创新奖)2项；在“创青春”大学生创业计划竞赛中获得全国银奖1项、铜奖4项；在数学建模竞赛中获国际赛Meritorious Winner奖24人次、Honorable Mention奖48人次、Successful Participant奖72人次，全国一等奖21人次、二等奖30人次。

学校根据创新创业俱乐部平台建设现实需求，借鉴兄弟高校发展经验，以俱乐部平台建设为依托，创建了一个以创新创业精神培育为核心，以创新创业知识普及为渠道，以创新创业能力提升为目标的理论与实践相结合的大学生创新创业三级培育体系，用以系统指导我校大学生创新创业相关实践活动。

“精神培育”阶段旨在确保所有大学生都能够接受创新创业教育培训，在整个培育体系中占据基础和前提地位。“苗子选育”阶段的主要目标是确保所有创新创业项目都能得到专业辅导服务和政策支持。开设KAB或者SYB小班课程教学。组织营员参加创业沙盘模拟、创业仿真实训和各类创新创业比赛，部分优秀团队会在该阶段借助俱乐部企业孵化平台，在创业讲师的辅导下开始企业初创实践。“市场对接”阶段则致力于扶助创新创业项目从校园孵化向市场的顺利过渡。现我校在孵团队已获得投资机构总计560余万元的风险投资。我校俱乐部还与成都市天府新区科技创新服务中心签订框架合作协议，将成熟创业团队推介到创业产业园。

龙章其不仅是我校的优秀毕业生，更是我校“双创”教育的优秀代表人物。而我校也将继续在大学生创新创业培育体系方面不断总结经验，为大学生的创新创业提供坚强有力的保障。

教育专家点评

赵骥民　长春大学党委书记

成功不可复制，但经验却可以学习。作为一名创业老兵，龙章其从白手起家到把事业做得有声有色，他的经历和经验非常值得走在创业道路上的大学生们去学习和借鉴。正如我校校训“知行合一，诚信至善”，它要求学生们在校期间不仅要学习专业理论与素养，更要重视如何把所学的理论知识应用于实践，同时，在日常工作学习中要做到诚实不欺，讲求信用。只有这样，才能成就自己的人生，才能实现自己的梦想，才能实现自己的价值。

发掘隐藏千年的时尚

——“逐梦创客”阿丽耶·伊敏江的创业之路

她是一个在校大学生，却已经成立了属于自己的公司，并开创了MASHUT品牌；她是一个柔弱的小姑娘，却已经担当重任，发掘和传承着“隐藏千年的时尚”；她走上创业之路，也曾几次打算放弃，但内心深处的那份责任让她选择了继续坚持。她就是正走在传统与时尚结合创新道路上的维吾尔族姑娘——阿丽耶·伊敏江。

艾德莱斯的前世今生

大家对于“艾德莱斯”可能有些陌生，艾德莱斯指的是艾德莱丝绸，产于新疆和田洛浦县的吉亚乡，艾得莱丝绸是极富新疆民族特色的产品，也是维吾尔族妇女做衣裙时最喜欢的绸料。

据说艾德莱斯绸的工艺产生于元末明初，在新疆和田、喀什的一些工匠在学习吸收中亚人染织法后把手艺带回了自己的家乡，自此，艾德莱斯扎根新疆。

近两年，在“一带一路”网络文化采风行活动中，作为非物质文化遗产之一的艾德莱斯丝绸被社会各界人士关注与喜爱，艾德莱斯丝绸也被称为“21世纪最后的丝绸手工制作工艺”，有着“丝绸之路上的活化石”之美誉。

阿丽耶·伊敏江正是来自艾德莱斯绸的故乡——和田洛浦县，她从小便与艾德莱斯结下了不解之缘。艾德莱斯绸孕育了阿丽耶的童年，她梦想有一天身边的所有人都能与她一样穿着绚丽多彩的艾德莱斯，手拉手游遍全世界，让大家一同感受隐藏千年的时尚。

被激发出来的创业思维

2014年，刚刚参加完高考的阿丽耶去舅舅开的店铺打工，在舅舅店里的墙上，她看到一张有将近200人的合影照片，细问之下才知道，这是中国一家大型企业在全国各地经销商的合影，而阿丽耶的舅舅就是其中的一员。

这张照片给阿丽耶很大的触动，她心里想：“如果有一天，我自己也能有这么庞大的团队去销售我们的产品该有多好。”这时的阿丽耶已经有要做“大老板”的想法了。

2015年，“艾德莱斯炫昆仑”系列活动在新疆正式拉开帷幕，被遗忘千年之久的艾德莱斯再次走进大家的视野。阿丽耶从小就有一个做服装设计师的梦想，受到这个活动启发，她马上有了想围绕着艾德莱斯绸这个产品来创业的思路。

以艾迪莱斯文化为起点来创业，这对于刚考入大学的阿丽耶来说，简直是不可能实现的一个梦想，因为她除了出生在艾德莱斯的故乡、穿过艾德莱斯的服饰外，对艾德莱斯的制作工艺、艾德莱斯的文化渊源、艾德莱斯的市场价值等一窍不通，不知道有哪些人会喜欢艾德莱斯，更不知道未来的市场在哪里。

但前辈们的创业成功的先例，给了阿丽耶极大的信心和鼓舞。马云把阿里巴巴做到国内互联网产业第一，他自己不是也并不懂技术吗？做烟草出身的褚时健不仍旧把橙子种的有声有色吗？所以阿丽耶下定决心，艾德莱斯这个项目，一定要做，而且一定要做好。

当把创业的想法告诉父母后，没想到却被泼一盆冷水，因为这与家人给她的人生规划完全不一样。父母希望她能够好好读书，毕业后考上公务员，捧上“铁饭碗”。没想到自己的孩子居然要创业，而且创业的项目居然是跟她学习的专业八竿子打不着的服装设计。结果可想而知，在父母这里，阿丽耶吃了闭门羹。

尽管父母不支持，阿丽耶并没有停止做父母的工作，因为要创业，是离不开他们的支持的，至少需要父母帮助解决创业启动资金的问题。为了尽快筹集到资金，阿丽耶也开始了兼职打工之路。

接下来的时间，阿丽耶开始想办法去说服父母。经过几次同父母的坦诚沟通和交流，父母终于答应提供阿丽耶1万元的创业启动资金。实际上，父母从内心来讲并不是不希望自己的孩子去创业，他们只是担心自己的孩子失败后受挫，担心孩子在尔虞我诈的社会上吃亏，更担心孩子因为创业而荒废了学业。

算上自己之前兼职打工的一些积蓄，创业的启动资金有了，阿丽耶距离自己的艾德莱斯梦想更近了一步。

找准方向，独辟蹊径

阿丽耶已认定艾德莱斯作为创业的方向，但是对于一个刚刚读大二的学生来说，自己无疑是商海中的一叶扁舟。对于艾德莱斯的相关产业，阿丽耶不知道应该找谁去求教，更不知道从何下手，想要在艾德莱斯大展身手的阿丽耶就像是碰到了烟灰易冷的冬天。

当今社会竞争激烈，创业是非常艰难的，资金、市场、团队、技术，每个方面都要考虑周到，国家层面上，为了帮助创业者，尤其是针对大学生创业者，也是提供了很多的帮扶平台，比如全国各地举办的创业大赛，就是给创业者提供的一个展示项目、获得天使投资非常好的渠道。

大二的第一学期很快就过去了，阿丽耶的创业计划还是没有什么进展。她很遗憾地错过了一个可以展现她梦想的机会——新疆当地举办的第一次创

业大赛。

机会错过了，但是自己的梦想还是要努力去实现。没有现成的模式和方法去学习，阿丽耶只好通过网络和一些杂志去寻找艾德莱斯的相关信息。在这个过程中她发现，美丽漂亮的艾德莱斯服饰，虽然有着诸多不同的款式，却没有一件是适合自己的。因为市面上艾德莱斯服饰设计的非常华丽，不是晚礼服，就是舞台装。究其原因，是因为艾德莱斯的色彩过于绚丽，大家如果按照传统设计的服饰去上班、逛街，会显得与其他人格格不入。同时，艾德莱斯正在逐步地形成一种风格，现在的艾德莱斯不仅仅是丝绸那么简单了，相关的衍生品也开始在市场出现。

阿丽耶在想，为什么自己不去设计一些适合在日常生活中穿戴的艾德莱斯服饰？一个创业计划落地的思路在阿丽耶脑海迸发出来——设计可以让普通大众也能够穿戴的艾德莱斯服饰。试想如果可以利用艾德莱斯的特点，设计出简单大方而优质的服饰，并把这类服饰系统化，把民族的那股热情带到世界各地，让大家都能感受到艾德莱斯的魅力，这是一件多么有意义的事情。

主意打定，阿丽耶开始重点研究一些国际品牌的成功之路，NIKE、Zara都成了她研究的对象。她希望自己的艾德莱斯也能够像这些国际品牌一样，遍布世界各地，让大家更深度地通过服饰去了解新疆的文化，了解新疆的风情。

同时，未雨绸缪的阿丽耶开始搜集一些当地政府对传统手工艺创业项目的扶持政策，尤其是针对大学生创业的优惠政策。通过查询相关的资料，阿丽耶了解到了一些扶持信息。

比如，当地大学毕业生在毕业后两年内自主创业，到创业实体所在地的工商部门办理营业执照，注册资金(本)在50万元以下的，允许分期到位，首期到位资金不低于注册资本的10%(出资额不低于3万元)，1年内实缴注册资本追加到50%以上，余款可在3年内分期到位。大学毕业生新办咨询业、信息业、技术服务业的企业或经营单位，经税务部门批准，免征企业所得税两年；新办从事交通运输、邮电通信的企业或经营单位，经税务部门批准，第一年免征企业所得税，第二年减半征收企业所得税；新办从事公用事业、商业、物资业、对外贸易业、旅游业、物流业、仓储业、居民服务业、饮食业、教育文化事业、卫生事业的企业或经营单位，经税务部门批准，免征企业所得税一年。各国有的商业银行、股份制银行、城市商业银行和有条件的城市信用社可以为自主创业的毕业生提供小额贷款，并简化程序，提供开户和结算便利，贷款额度在2万元左右。贷款期限最长为两年，到期确定需延长的，可申请延期一次。贷款利息按照中国人民银行公布的贷款利率确定，担保最高限额为担保基金的5倍，期限与贷款期限相同。政府人事行政部门所属的人才中介服务机构，免费为自主创业毕业生保管人事档案(包括代办社保、职称、档案工资等有关手续)2年；提供免费查询人才、劳动力供求信息，免费发布招聘广告等服务；适当减免参加人才集市或人才劳务交流活动收费；优惠为创办企业的员工提供一次培训、测评服务。

了解到这些针对大学生的优惠扶持政策后，更加坚定了阿丽耶的创业信心。阿丽耶也开始了她的创业之路，并且顺利加入学校的大学生逐梦创客空间，并开始着手创业团队的建设工作。

筑梦创客，开启创业之路

创业团队的组建很顺利，阿丽耶把自己的创业想法跟身边的朋友、同学进行了交流，并很快得到大家的响应。很快，6个人的创业团队组建起来了。阿丽耶给自己的艾德莱斯时装品牌起了一个听上去很高大上的名字——

MASHUT，是丝绸的意思，并且很顺利地注册了自己的公司。

团队有了，品牌有了，公司注册了，万事大吉，只待开工。

但是服装设计对于阿丽耶来说是陌生的，这个连PS都不会用的女孩儿开始自学制图软件，好在自己招募的创业团队里面有一个学设计的伙伴，慢慢地，自己也开始了艾德莱斯的设计工作。

创业初期，阿丽耶的团队主要是对一些流行的时尚女装进行优化，想方设法在这些女装的基础上研发与艾德莱斯可以相结合的款式。然后通过网络渠道进行销售。之所以选择通过互联网而没有进行线下实体店的销售，一方面阿丽耶考虑的是创业初期，成本的控制是第一位的。再一个，由于自己设计的艾德莱斯服装面对的是年轻群体，这些人消费的渠道也基本上都是通过互联网。

短短的三个多月的时间，阿丽耶团队仅通过朋友圈发布服装信息，就已成功售卖出3700多件自己设计的艾德莱斯服装，同时在全国各地组建100个代理商。这对于阿丽耶来说，距离她的目标只是更近了一步。

当然，自己的艾德莱斯服装能够一炮打响，除了团队的不懈努力与辛苦付出之外，阿丽耶认为这与学校提供的帮助和社会各界人士的关注与支持是分不开的。

首先说学校。阿丽耶所在的新疆财

经大学给学生们营造了一个良好的创业环境。一方面加大对大学生创业的扶持力度，从工商注册、创业资金、税费优惠、创业服务等多方面解决大学生创业过程中遇到的实际困难，为大学生自主创业提供条件；另一方面加强各项创业实训服务工作，如组织召开大学生创业实训项目推介会、大学生创业实训现场交流会、实训人才专场招聘会，建立创业导师制，聘请创业培训教师、成功企业家等，采取多种指导形式，帮助大学生提高创业实践能力。同时，学校还积极地用本校的资源扶持阿丽耶的创业，比如新闻学院拿出自己的摄影棚，并无偿帮助拍摄艾德莱斯服装的宣传片。阿丽耶的创业团队在这其中受益匪浅。

在这期间，阿丽耶成功入住了学校的众创空间，还遇到了自己创业过程中的一个贵人——广汇集团的总裁敖志刚。当时，敖总是学校众创空间的创业导师，也是一名天使投资人。敖总不仅给阿丽耶的创业项目进行了一些指导，还给予她创业资金上的支持。当时敖总说：“我投资，首先看人，下来才是项目本身，投资给你就是看中了你这个人的品格。”这对于刚刚创业还没有任何盈利的阿丽耶来说，这次的投资无疑是给她打了一针“兴奋剂”。因为敖总看到了一个年轻人的梦想，看到了一个年轻人的执着，这正是目前社会上一些年轻人缺少的品质。

通过学校提供的平台，阿丽耶有幸接触到了国内著名设计师孙秀琴的关注。通过互联网，阿丽耶还结识了2015年国际小姐大赛中国区冠军刘欣悦、切糕王子阿迪力等一些创业成功的好朋友。新疆的各大媒体，比如天山网、晨报、新疆都市报也都对阿丽耶的创业故事进行了报道。通过媒体，阿丽耶成功地将自己设计的产品理念传递给大众。尤其是新疆电视台民生直播频道还专门为阿丽耶的创业团队制作了一期节目，更是在社会上取得了热烈的反响。顾客群体从最初的南疆扩大到了全新疆，阿丽耶的艾德莱斯服装自此开始了走出“朋友圈”，走向了大众。

由门外汉闹出的笑话

阿丽耶还记得在第一次得到加工订单后去市场采购艾德莱丝绸的场景：由于自己对服装设计用料没有什么概念，根本不知道加工一件衣服需要多少布料，所以第一次采购，阿丽耶只买了10米的布料，可是裁剪后才发现仅仅够制作3件衣服，所以不得不再前往市场进行第二次采购。

布料需要的量够数了，衣服也根据设计把版式制作了出来，可等交给服装加工厂进行批量制作的时候，服装厂找阿丽耶要制作服装用的内衬。她这才知道，衣服加工还需要根据不同的款式采购不同的内衬。

这两次的事件，让卖布料的商贩和服装加工厂的工人都觉得是遇到了一个“假”的服装设计师。

这对于零基础起步的阿丽耶来说，无疑是巨大的挑战。

不会设计软件，不知道去哪里购买布料；不懂服装的尺寸，不清楚衣服的配饰；不知道采购什么样的纽扣，不知道去哪里寻找服装加工厂……阿丽耶在这样的一个个“不知道”中慢慢地成长了。

经过一番周折，第一批艾德莱斯时装终于成功地制作出来。

第一批衣服只赠不卖

把艾德莱斯服饰成品做出来的那一天，在即将发货的那一刻，阿丽耶突然做了一个让人难以理解的决定：这批货不卖，免费赠送给学校里的残疾学生。

对于这个举动，团队的小伙伴们非常不理解，眼看着这批服装卖出去大家就能见到回头钱了，阿丽耶却要免费赠送出去。“难不成这个企业不想干了？”“自己都养不活自己，居然去做慈善！”“这衣服是不是卖不出去了？”……微信圈里，得到了消息的伙伴们都炸了锅。

阿丽耶没有马上去回应大家的担忧，也没有及时去解释自己这样做的缘由，而是等大家都冷静下来了，才给每个伙伴群发了一段话：还没有赚到钱就

想着做慈善，不是因为要去装什么，因为在这些人的身上他发现了自己的影子，也是我们大家的影子，看到她们同我们一样肯定也拥有同样的梦想，她们肯定渴望穿上属于自己民族特色的服饰。第一批货送给她们，不是说这些衣服没有市场，也不是卖不出去，更不是自己打肿脸充胖子，而是想通过这样的方式让她们知道社会上还有这么多的人惦记着她们，在挂念着她们。而把自己最为珍贵的东西送给她们，我想，她们一定能够体会到我们的用心，对于她们来讲，这也一定是最好的礼物。因为，这是属于她们自己的服饰。

看到这条消息的伙伴没有一个人再埋怨阿丽耶，也没有一个人选择退出，因为大家知道，自己做的事情不是为了创业而创业，在这里面除了产品的研发，还有一种民族的情怀，那就是用我们的双手带给别人更多的温暖。

就像阿丽耶说的：“看到家乡的人排排坐的场景，心里很难受。”这也许是阿丽耶创业最根本的动机，那就是一定要改变家乡人民的生存现状，一定要唤醒大家的意识形态。

走过最艰难的一段路

创业初期是阿丽耶创业过程中走过的最艰难的一段路，因为除了要不断地设计和开发新的款式，不断地去找寻适合自己服装的艾德莱斯绸，阿丽耶还要考虑如何让公司更好、更快地发展，还要考虑如何尽快地扩大品牌影响力。

作为一名大学，作为大学生创业者中的一员，阿丽耶要抓住每一个可以展示创业项目的平台。所以，阿丽耶经常会参加一些创业大赛等类似的活动。

已经记不清自己有多长时间没有安稳地睡上一个好觉，学业、事业把阿丽耶压得有些透不过气来。要知道最忙碌的一个月份，她要参加5个比赛。

除了心理上的压力，资金断链的问题也随之而来。好在当时在广州的老师知道了自己的状况后给汇过来一万块钱，这也算是解了阿丽耶的燃眉之急。

当然，这些都是创业过程的点点滴滴，但是阿丽耶都深深地记在了心里，因为她明白，是情义，才让我们的生活过得如此丰富多彩。

让阿丽耶把情义看的这么重要的根源，实际上要从其在广州上中学时的那段经历提起。阿丽耶记忆最深刻的是高中二年级的那个中秋节，学校的老师给每个宿舍都发了一块月饼，大家掰开分着吃，在阿丽耶看来，这就是一份情义。

心理和经济上的压力愈来愈重，产品质量问题也随之而来，这在阿丽耶看来，是不可原谅的错误。

创业初期，由于在产品的加工制作过程中把关不严，导致有一批服饰出现了严重的质量问题，但是由于订单已经全部快递出去，这可急坏了阿丽耶，因为她清楚，产品的质量关系到企业的信誉问题，尤其对于初创企业来说，很可能就是致命的打击。

问题出现了，阿丽耶没有选择逃避，而是主动地跟每一位顾客沟通退货事宜，而且把事情的来龙去脉毫无保留地同顾客进行了交流，同时自己承担相关的物流费用。好在大家了解了具体情况后都没有为难阿丽耶。创业后的危机也就这样顺利地解决了。不过现在回过头来想想，阿丽耶至今都是心有余悸的。

接下来，阿丽耶开始严把质量关，每一批订单，她都会亲自去盯样，都会去制作现场进行监督。对于阿丽耶来说，创业本身就是极具风险的一件事，遇到问题不逃避，敢于面对，这对于一个女孩子来讲实属不易。从这件事以后，类似的问题再没有出现过。

在日常的经营管理中，阿丽耶也开始了宣传上的工作。她在不断地尝试用“新方式”进行营销，比如2016年5月23日，她就利用了全国校花直播平台来对自己设计的艾德莱斯服装进行展示、宣传。通过直播平台，让成千上万的粉丝了解了MASHUT的设计风格，让更多的人喜欢上艾德莱斯绸的独特魅力。

现在，阿丽耶已经联系土耳其的设计师，打算与他们进行服装设计方面的合作，用不断创新的服装样式来迎合更多人的胃口。

传统手艺走向国际市场

阿丽耶的家乡和田也正在大力推广纺织业，支持民族文化的推广宣传。艾德莱斯的发展正慢慢地进入更多人的视野，也受到了各方的高度关注。

2016年9月21日，由新疆维吾尔自治区发展纺织服装产业带动就业工作领导小组办公室和中国-亚欧博览会秘书处联合主办的第五届中国-亚欧博览会“一带一路”纺织服装产业发展论坛、艾德莱斯产业发展论坛在乌鲁木齐召开。阿丽耶的创业团队受邀参加了此次论坛。

同时，阿丽耶团队设计的两件作品，成功入围了“艾德莱斯出天山”作品50强，并分别入册到《简约之风》和《和田玉与艾德莱斯向融合》中，作

品也在亚博会的“艾德莱斯出天山”展厅进行了展出。

阿丽耶团队作品的入选，不单单是对她们这个创业团队的肯定，更是对他们创业项目的认可，由此可以看出政府相关部门对新疆传统文化遗产的重视。而通过此次论坛，给艾德莱斯走出国门，与世界接轨，提供了一次非常好的机会。

作为一个在校大学生，阿丽耶的创业初衷就是希望艾德莱斯风格的服饰产品能够走出天山，给全世界带去维吾尔民族的热情，带去新疆人最真挚的祝福！同时，阿丽耶也希望自己的MASHUT走到哪里就能温暖到哪里，她希望自己的MASHUT品牌不仅仅成为一个商业品牌，还要让MASHUT充满民族炫丽的民族色彩，让每个人因MASHUT的存在而感到温暖。

用情感用人，用制度管人

通过人性化的管理模式，让阿丽耶团队更加团结。阿丽耶的创业团队目前共有6名成员，均为在校大学生，而且是来自不同的地区和民族。

比如自己团队中的刘欣悦，目前就读于河南商丘学院，她主要负责公司的品牌推广宣传工作。伊丽努尔·艾尔肯，就读于新疆财经大学，负责服饰货物的仓储、物流工作，并负责管理销售市场。热沙莱提，就读于新疆财经大学，负责公司的策划、文案、活动组织等工作。努尔艾力，负责团队的财务工作。阿卜力克木·热合曼负责团队的新媒体运营工作。团队每个人都各尽

其责，大家相信只要努力团结，就一定可以成功。

对于自己的创业的过程。阿丽耶说她会记得所有帮助支持她的人，因为是这些人让她有了支持下去的勇气；会记得乌鲁木齐寒冷的冬天和炎热的夏天，是那些艰难的日子让自己看见了从不曾见过的坚强努力的自己；会记得所有曾经为了找服装厂供应商所走的大街小巷，是这些路疏通了后来她要走的路；会记得那些熬到天亮甚至累倒在服装堆里的日子，是这些日子让她明白原来自己的能量无极限。

情感永远是奋斗的动力

谈到创业的动力，阿丽耶说自己是带着一份特殊的情感在里面，尤其是爷爷对自己的影响。

阿丽耶的爷爷退休前是一名国家干部，当地的老百姓对爷爷也是倍加尊重，因为爷爷经常会接济和照顾一些身边生活条件不大好的农民。而阿丽耶的这份创业情感很大程度上也是来自爷爷的影响，那就是尽可能地通过自己，去帮助那些需要帮助的人，帮他们去做点事情，让他们能够有一个更好的生活。

创业之初，阿丽耶在微信里写下过这样一段话：MASHUT就是我的左心房，谁都不会懂这来自边疆和田的寄托。我不会画画、不会做设计、不会缝纫、不会编程、不会ppt、不会演讲、不会摄影，但我更不会哭。在和田，有一批一批这样的孩子，商场、娱乐、休闲，这些都是他们不敢想象的，这些只是这些孩子在电视机前看到的梦！实现这些孩子的梦却成了我想奋斗终生的目标！想象着如果有一天我是他们，看到一个个的高科技产业，我也应该会想这些都是我不敢想象的梦吧。我在努力，我在拼搏，在和田的你们有听到这些心声吗？如果有，请你们让这些孩子不再相信电视机里面的生活不是梦。这些孩子就是我拼搏到最后的力量。

阿丽耶是这样写的，更是这样做的，她会利用假期的时间走到维吾尔族的学校和少年宫，帮助那里的孩子学习汉语。到现在阿丽耶都不会忘记，孩子学会用汉字书写自己名字的兴奋。

不经历风雨怎么见彩虹？这一路走来，阿丽耶从最初一无所知的小丫头成长为今天的大姑娘，其中受的苦，只有她自己懂。而我们也坚信，未来的创业道路上，尽管不会一帆风顺，但是由于这份特殊的情感，一定会让阿丽耶坚持走下去。

创业导师点评

陈玉萍

新疆财经大学的创业教育始于2007年。2013年我校在人才培养方案中设置了创业教育课程《创业讲坛》，2016年改名为《创业学通论》。其是面向本科所有专业开设的公共通识必修课，重在培养学生的创业意识、创业精神，并对学生创业能力奠定坚实的基础；同时培养学生积极进取、勇于挑战、勇于创新的能力，助力学生在未来的职业生涯中开拓更加广阔的空间。

本课程教学内容按创业实践所需分模块进行，包括：创业(创业与支持政策)、创业精神及创业者(含创业团队)、选择创业项目、可行性、组建企业(创业组织形式的选择与设立)、企业经营及其相关职能、商业计划书、互联网与创业、实验拓展训练等内容。

课程由校内教师与校外实践领域专家组成教学团队进行教学，实行课程负责人制，并按教学班建立教研组。课程教学引进国内外先进教学理念，将启发式、专题讨论式、案例式、研究式以及开放式等教学方法进行有机结合，注重学生的参与和自主学习。学校还聘请企业家、创业成功人士、优秀校友进课堂与学生分享创业经验，并组织学生到企业参观、学习等，让学生开阔视野，增长见识，丰富体验，强化学生对企业的感性认识。

学校还开设了创业实验班，建立了创新创业孵化基地，成为首个高校自治区众创空间——逐梦创客，并于2016年入选“教育部首批创新创业教育改革示范校”。

在新道科技有限公司的支持下，学校建立了跨专业创新创业实验教学中心。同时积极组织和培育大学生创新创业训练项目，为大学生参加

“互联网+”创新创业大赛等推送参赛作品，为助力大学生创业和大学生“双创”教育改革提供了良好的平台。

阿丽耶同学正是学校建立的上述创新创业教育改革及培养平台的受益者。阿丽耶的创业项目成功入驻学校“逐梦创客”，并成功创立了自己的公司——百恩斯国际贸易有限公司。

如今，阿丽耶同学在创业的同时，既要完成自己的学业，还积极参加学校举办的创业实验班的学习。在前行的路上，她不怕苦，在探索的路上，她勇于创新，善于将本民族的传统服饰文化与现代服饰文化有机结合，产生了一个个创意，融于服装设计中。她在创业的艰辛中奋力前行，也享受着创业成功的喜悦。

她对于草根创业者的启示是，创业不是单打独斗，伙伴的力量是巨大的，平台的支持是必要的，在创业的过程中困难是避免不了的，只要坚持就一定会成功，创业经历将是创业者一生独有的财富，努力走下去，美好的未来在向我们招手！

本校双创教育

艾光辉　新疆财经大学党委常委、副校长

新疆财经大学是一所以经济管理学科为主的、具有从学士到博士完整学位教育体系的应用型本科院校，致力于培养立足新疆、服务西部、面向中亚的高层次高素质应用型人才。

学校创新创业教育，着力于从课程、实验、实践、考核、竞赛、孵化、管理等方面进行系统化改革；注重创业教育与专业教育、校内资源与校外资源以及不同专业教育之间相融合；面向全体学生开展“广谱式”创业教育，既注重创业知识的传授，也注重创业能力的训练，更注重创业精神的培养；设立学生创新创业训练项目、创新创业基金项目、创业竞赛项目，积极参加各类国家、自治区级及行业企业组织的创业竞赛；遴选培训创业课程师资，建立专兼结合的创业导师队伍；以创新教育为灵魂，在各专业广泛开设学科前沿动态，研究方法论课程，挖掘课程教学中的创新内涵；打破传统专业壁垒，融入跨专业创业教育内容，改革封闭刻板的专业管理制度，为学生创业活动提供更大的自由空间。

学校成立了建制化的大学生创新创业服务中心和非建制化的创业学院，形成了“一般通识课程+专业课程+创业通识课程+专业/跨专业实验+实习基地+孵化基地”的人才培养模式。

2016年，学校入选全国创新创业教育改革百所示范高校。

学校未来创新创业教育改革的愿景是：促进创新创业教育与专业教育的深度融合，打造更加成熟的创业教育课程体系，深化校企合作与产教融合，在更深层次上构建校企协同机制，把学校建成一所创业型大学。

阿丽耶，不过是当今创业大军中的普通一员，她的创业故事才刚刚开始。阿丽耶这一代人赶上了一个好时代，“大众创业，万众创新”已成为新的时代潮流和国家长远战略。为有志创业的学生提供更优良的教育与平台，更是高校改革发展的新的聚焦点。

教育专家点评

华仁海　南京财经大学副校长

作为一名大学生，选择创业就是选择了充满全新挑战的人生。阿丽耶·依敏从一个梦想开始，在学校良好的创业环境中成长，从学校创业实训、创业平台、政府政策扶持中受益，与创业团队一同历经艰辛，终见彩虹。学校在最关键的时期给予了她最及时的帮助。

学校培养有创新精神、创业意识学生，首先要在意愿上予以激发，营造良好的氛围，强化创业教育理念；要建立完善的创新创业课程体系，培养学生双创素质；要在物质上提供帮助，利用各类资源以及和政府在产业集聚方面的优势，搭建平台，提供政策扶持，完善服务。

帮助天下毕业生走稳求职第一步

——“自由战士”夏娟的创业故事

在校期间，开始担任就业处就业助理；毕业前，创立一个覆盖全国高校毕业生的校园招聘平台；生活中，她是一个普通却不甘平凡的90后女孩；职场中，她是一个在创业潮流中拼搏奋进的企业老板——这个人就是夏娟，她说：“从打工到创业，靠的是勇气；从创业到经营，则需要智慧。”

谈就业，谁不曾迷茫

2015年3月的一天，长沙理工大学的校园春季招聘会正如火如荼地进行，茫茫人海，学生和企业、应聘和招聘，看似都在有条不紊地进行着，而这场招聘会的质量就像是套在夏娟头上的一个“紧箍咒”，因为此刻的夏娟正以就业处助理的身份，负责着招聘会的管理工作。

期间，细心的夏娟在招聘会现场发现了一个奇怪的现象——招聘企业使尽了浑身解数大声吆喝，却招不到理想中“质优价廉”的人才；另一方面，应聘者顶着“天之骄子”的光环，现场却苦于搜寻不到适合自己的职位。

应聘者找不到合适的岗位，是由于自身没有清晰的职业规划，缺乏社会阅历，不知道自己能做哪些工作，也不清楚哪条职业道路适合自己，尽管手里握着“高逼格”的简历，求职的成功率却非常低。

诚然，找工作难不单是学生自身的原因，也存在不少客观因素。例如很多的招聘企业都希望招到有相关实践经历的职员，单单这条门槛，就把不少应届毕业生拒之门外。

大学生就业难的情况一直都存在，而且在一定时间内会长期存在。但在夏娟看来，“就业难”并不是就业机会少了，也不是企业用工量少了，主要症结在于供求信息的不对称，导致就业学生和企业用工要求难以精准匹配。

在就业上，夏娟也曾吃过苦头。“回想在读大学期间，为了找到一份合适的兼职工作，自己也很迷茫，尽管有一段时间自己在学校的就业处工作，接触过不少关于就业的信息，也学习到不少职场处事方法。但是，自己在这过程中还是感觉到找工作的压力，寻找一份兼职工作尚且让自己有些喘不过气，更别说今后找专职工作了。”夏娟说。

大学生的就业压力在哪儿呢，没有求职的渠道？就业以后没有学习的平台？不知道如何选择适合自己的工作？也许都是，也许都不是。此时的夏娟已经开始琢磨，如何让大学在求职过程中不再像自己找工作时那样感到无助和迷茫。

在校期间，夏娟除了在就业处兼职工作以外，她还主动寻找机会走出校园进行社会实践。她职场的第一站是做管培生，在管培岗位上，聪明机灵的夏娟很快进入了角色，利用自己出色的业务能力在公司取得了一席之地。由于能力突出，短短几个月时间里，夏娟顺利地从最基层的品牌营销升到了产品助理。夏娟对自己职业发展的速度很满意，但她却隐隐感觉这并不是自己想要的生活。

萦绕在夏娟心里最大的结，依旧是大学生就业问题，这个问题在她脑海里翻来覆去地出现。夏娟觉得，“解决这个问题，自己必须要去尝试一回，不管结果如何。”

但在高手如云的创业市场，招招见血、步步惊心，更何况夏娟还只是一个“未出茅庐”的学生，如何从目前的招聘市场开拓属于自己的一片天地，成了夏娟面前的又一道坎。

敢想、敢干、敢创新

深思熟虑之后，夏娟决定撸起袖子干一把，她要通过自己的努力去改变传统的大学生就业形态。

对于创业，夏娟觉得年轻是最大的优势，只要看准了时机，就立即开始行动，在这个边思考边实践的螺旋式迭代的时代，多想也无益。

2015年4月，还未毕业的夏娟在当地工商局注册成立了长沙市云研网络科技有限公司(以下简称“云研科技”)，定位为专为大学生提供就业服务的互联网公司。

为什么没有把公司定位成一家实体人力资源公司而是一家互联网公司呢？因为夏娟想要打造的是自媒体招聘品牌，提供基于长链接、低成本、整合性的线上线下招聘整体解决方案。为此，夏娟和她的团队还自主研发了一套科技产品——“云就业”平台。“云就业”是基于微信、网站一体化的精准就业服务平台，融合学生、企业、高校三方，专注于打造开放性的就业生态平台。

一开始，年轻的云研科技始终没有收入，最穷的时候，夏娟连员工的工资都发不出来。回想起那段艰难的日子，夏娟总是念念不忘。正是大家的不舍不弃，同甘共苦，才有了云研科技的今天。歌曲有唱“有钱没钱，回家过年”。在夏娟眼里，这句歌词应该改成“有钱没钱，活还得干”。

夏娟既享受着年轻的快乐，也承受着年轻的烦恼——没有经验，没有资源，也没有成熟的技术支持，甚至解决日常的温饱都成了问题。

创业第一步

真正地踏出创业第一步，对夏娟来说就是将自己的产品投入市场。为了迈出这一步，夏娟团队首先要做的就是拓展市场。这里的拓展市场不是简单意义上的谈判、买卖产品，而是让客户群体接受自己新的产品。

从学生到企业创始人、从创业到经营，对夏娟来说，每一个阶段都不容易。在这个过程中，白手起家的夏娟需要付出比别人多十倍、甚至一百倍的努力。因为她知道自己既然选择了做云研科技，就必须要肩负起这份责任。从打工到创业，需要的是对自己的人生负责，从创业到管理，夏娟要对整个团队负责，要对自己的目标人群负责。就是这种“天将降大任于斯人也”的责任感一直支撑着她克服了一个又一个的困难。

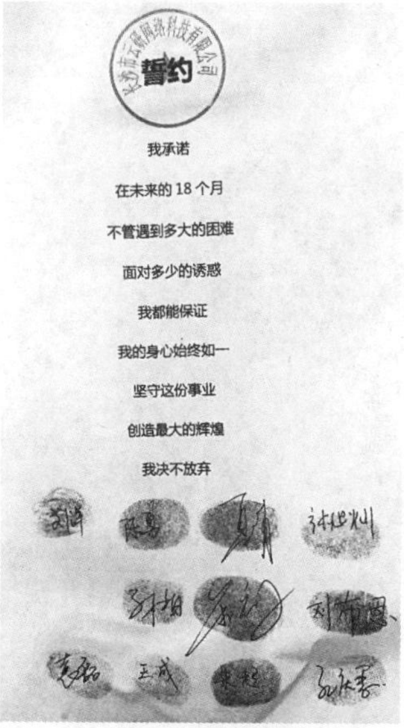

公司团队的盟约

云研科技的“云就业”项目要发展，首先要解决大学生对自己产品的信任问题。夏娟同团队成员不断研究解决方案，经过不断推敲和打磨，一个看似完美的市场拓展方案出炉了。但夏娟却未意识到，又一只“拦路虎”正等待着她和她的团队。

夏娟的“云就业”经过几个月的研发终于上线运行了。背后的研发团队是由来自深圳平均有6年以上研发经验的人组成，有一半人获得了美国PMP项目管理认证。产品单是内部就迭代了三版，但酒香还是怕巷子深，尽管夏娟对自己的“云就业”信心满满，可是一些目标客户——高校就业部门并不买账。直到2015年的8月，母校长沙理工大学终于愿意试用这个新的就业平台，但是在夏娟看来，学校更多的是出于对她创业的关怀。不管怎么说，有了敢于第一个“吃螃蟹”的“客户”，自己的辛苦也算没有白费。

由于母校应用了“云就业”的效果很好，夏娟的产品在湖南本地很快成为了一个标杆，陆续有本地的高校开始尝试“云就业”系统。

工作照片——梳理产品问题

然而，由于影响力有限，夏娟“云就业”的外省推广遭遇了重重的困难。一方面是外省高校就业处对新产品的信任问题，另一方面，由于云研科技是一支年轻的创业团队，用户对其产品的质量和技术的稳定性还存有疑虑。经过不断拜访各地高校，不断与各高校的就业负责人沟通，不断将产品送给高校免费使用，各地高校开始逐渐信任和采购夏娟的产品。

不仅仅是高校官方，很多的应届毕业生也开始关注“云就业”，而且有40%的关注量是通过同学们的口口相传得来的，夏娟曾对700多名学生进行了一个调研，好评率达到98%。

慢慢地，夏娟的“云就业”得到了学校的支持，也博得了学生的认可，最初的“信任危机”逐渐融化。

市场拓展问题得到了解决，夏娟不敢有丝毫的松懈，因为她心里清楚，决定创业成败的关键不是客户的多少，而是如何能在竞争激烈的创业浪潮中生存下来，让企业不断发展前进。

终于有所成绩

世上无难事，只怕有心人。随着云研科技逐渐走上正轨，夏娟每天需要处理的事情也多了起来，她感觉自己经历的每一天远比24小时要漫长得多。当苦尽甘来，看到自己取得的成绩时，夏娟觉得自己和团队付出的一切都是值得的。我们可以复盘在创业初期，夏娟所取得的成果。

一是产品得到了用户的认可。一位曾在IBM工作的高校教师表示，在学校内部的各种操作软件中，最符合老师使用习惯的就是夏娟的产品。

二是实现盈利。“云就业”前期虽然对学生和企业免费，但是已经开始为目标人群带来经济效益和社会价值，公司的盈利模式也在逐渐实现。

云研科技成功的背后有很多支持者，其中不得不提夏娟的母校——长沙理工大学。母校分管就业的副校长和就业处处长，以及夏娟的老师，创业期间给了她很多支持。学校给夏娟提供了办公场地，还通过推荐信的形式把夏娟的云研科技介绍给兄弟院校。

除此之外，还有很多人给夏娟提供了帮助，比如夏娟父母。父母目前也是企业经营者，和她一样，事业从零开始逐渐壮大，因此，每当夏娟遇到迷茫的时候，父母的鼓励让夏娟一次次地重整旗鼓。“父母的支持，是我自信的来源。我能取得今天的成绩，真的很感谢他们。”夏娟说。

所有成功都没有意外

夏娟的创业成功不是一场意外。早在她选择去深圳做管培生的时候，就已经拉开了追逐梦想的序幕。

深圳是一个年轻富有活力的城市，也是夏娟创业思维的启蒙地，所以对夏娟来说，来到深圳并不是一场意外，而是命中注定。

大学期间，夏娟每年都会利用假期走到不同的城市，去了解不同的人文风情，也为自己毕业后的发展做准备。

大三那年，当夏娟来到深圳的时候，立刻被这座城市的气质吸引。她喜欢深圳发展的快节奏，喜欢深圳对多元文化的包容，喜欢深圳创新创业的优良环境，喜欢发生在深圳的各种故事。

深圳之行，让夏娟感觉梦想种子的成长和发展，她所寻求的不就是这样一种竞争向上的土壤吗？于是便有了在深圳做管培生的那段实践经历。

2014年，夏娟成了深圳市明源软件股份有限公司的一名实习生。那是明源公司第一次在长沙和武汉选拔实习生。长沙高校的报名者达到了100多人，但是最终录取名额却只有5人。

选拔活动一结束，公司将实习生统一集中到武汉进行集训。集训完成后，实习生可以选择自己想要去的城市，夏娟选择了明源公司的深圳总部。与其他实习生不一样的是，夏娟被分配到了公司新成立的互联网部。

这是一个新成立的事业部，在这里，夏娟作为唯一一个90后，得到了“众星捧月”式的关注和培养。根据自己所学的市场营销专业，夏娟选择了事业部的品牌营销工作。

可是夏娟喜欢挑战，她在完成自己工作任务的前提下，帮助其他同事完成了很多“分外”之事，例如EDM营销、活动策划等。在这个过程中，夏娟得到了部门主管极高的评价。

但是，工作业绩的突出并没有使夏娟真正高兴起来，因为在她心里一直有个梦想。尽管这个梦想看起来很不切实际，但她一直没有放弃。她希望自己能像乔布斯一样伟大，做出一些能够改变人们原有认识的产品，让人们的生活变得更加美好。

夏娟20岁生日时，公司举办了一场集体生日会，也是那一天，夏娟为事业部完成了一个重大项目，这让她的产品经理后来成为自己的合伙人埋下了伏笔。记得产品经理曾经问夏娟的梦想是什么，她坚定地告诉经理：“我想创业！”产品经理听到回答后，不仅没有责怪这个具有如此“野心”的实习生，反而对夏娟愈加赞赏。产品经理不仅给了她很多学习的机会，还教给夏娟更多行业的知识。

这期间的所有尝试，对于夏娟来说都是在为自己的创业做准备。正是因为有了一次一次的尝试，夏娟才终于拨开了现实的迷雾，种下了属于自己梦想的种子。

现在说来，夏娟最早的创业萌芽之地应该算是在深圳，今天，在深圳也有她的团队在那里安营扎寨。

去深圳做管培生，是夏娟放弃了进入国企工作才实现的。要知道放弃“铁饭碗”的人，在大多数人的眼里不是傻子也是疯子。但是夏娟知道自己想要的并不是朝九晚五安稳的工作，她要自我挑战，要把自己的潜能激发出来。所以深圳之行成了她的“朝圣之旅”。

那些难忘的人

由于工作能力突出，夏娟很快做到了产品助理的职位。但是这期间也并非是顺风顺水，她甚至经历了一次“危机”。只不过这个危机不是来源于公司外部而是公司内部。

因为工作上的关系，夏娟会经常同其他部门进行业务沟通，久而久之，该部门想把夏娟给“挖”过来，但是互联网事业部坚决不同意放人。所以两个部门的领导人为夏娟发生了一些意见分歧。

不过，他们私底下和夏娟关系都不错，也都希望夏娟进入自己的部门。经过一段时间的协调和沟通，双方都更加了解了夏娟自己的未来职业发展规划，因为“醉翁之意不在酒”，夏娟答应会尽可能地帮助两个部门一起做事，事情也就顺利解决了。

这次的“抢人大战”看上去是更像是一次机遇，但是夏娟觉得这是对自己梦想能否坚持的一次挑战，所以也可以说是一次危机。

经过这件事，夏娟很想感谢三个人，一位是公司的HR，两位是入职引导人。HR对夏娟有很大的帮助，尤其是当部门主管发生分歧的时候，是他帮夏娟在双方进行协调和沟通。

实习终归是实习，那些可爱的人和难忘的事都成了夏娟的美好回忆。从深圳回到学校后，夏娟已经下定决心要创业。她给自己规定每天必须读完一本书，这样自己每天就只能睡四五个小时，而此时的夏娟却一点都不觉得累，因为对创业的热情就是让她每天激情满满的“鸡血”。行走在通往梦想的路上，夏娟每天都充满了能量。

夏娟终于开始创业了，她幸运地找到了5个志同道合的伙伴，组成了一个以夏娟为代表的90后创业团队。他们各自带着自己的梦想正式启程，走上了一条充满挑战的创业之路。

初创团队

近距离对话模式

夏娟的团队专注于校园招聘，他们创造的“云就业”平台开启了校园招聘的新模式。“云就业”不仅打通了学校和企业之间的入口，使得企业可以通过平台直接和学生零距离交流，还大大降低了企业的招聘成本。

“云就业”平台目前有三个主要功能。

一是招聘信息筛选。这部分是将线上线下的所有招聘职位与云就业官网、微信一体化，企业信息直通学生，高校只需进行审核把关。“云就业”还可以同步校内校外及行业信息，极大程度上以最低的成本实现信息与个人的对接。

二是“优show毕业生”展示。给学生自我展示的机会，把“云就业”变成一个双向自荐和选择的平台。

三是毕业生与企业HR直接互通。学生可以通过平台线上与HR进行即时联系，这样便省去了应聘者与招聘人相互之间的约定见面的时间，大大提高了双方的效率。

与夏娟一样是长沙理工大学应届毕业生的张同学，因为学校的一场考试，差点耽误了一家公司的面试机会。刚刚考完试出来的张同学，十分紧张，不过她通过“云就业”平台，直接联系到了那家公司的HR，说明了自己的情况，希望获得面试的机会。在焦急等待了20分钟后，收到了HR的回复，告知可以推迟面试时间。

像张同学这样的情况不在少数，“云就业”给予了他们更多的求职机会，也节省了时间和金钱。学生只需要通过关注“云就业”的微信公众号，就可以看到招聘信息、流程、注意事项等。这就是夏娟的商业模式——网站+微信同步。方便、简单、便捷就是云就业的三大亮点。这也是“云就业”得到广泛认可的原因。

淘你，也淘自己

招聘是一个类似于“淘宝”的过程。企业希望在众多应聘者中寻找到合适的、优秀的人才，应聘者希望从众多公司中，找到一家适合自己的公司。

有一家知名企业到长沙各大高校进行校园招聘的工作，他们原本是信心满满的，最后却没有招到合适的人才。就在企业的HR为招工难的问题头疼时，一个朋友向他推荐了“云就业”。就这样，招工难的问题顺利解决了。

为什么企业通过云就业就能顺利解决招人的问题呢？这背后到底是怎么运行和操作的呢？

原来基于微信网站一体化的“云就业”有专门的搜索功能。企业可以自己设置条件来搜索相关人才。与企业要求相对应的人才信息很快就被筛选出来，供企业“淘宝”。企业淘到合适的人才，就可以直接“下单”发送面试邀请，只有学生接受了邀请以后，企业才能看到学生的联系方式等信息。这么做是夏娟考虑到学生们个人隐私的问题，让招聘者与应聘者之间保持一定距离，以此保证双方信息的安全性。这也是“云就业”的一个特点，那就是精准匹配。这种匹配是夏娟团队基于大量的过程数据，研究了四种不同层次的算法来实现的。

夏娟说："'云就业'借鉴了淘宝模式，建立了企业信用评价体系，让企业'淘'学生，也让学生去'淘'企业。"

很多人看到这里，会误以为"云就业"是一个综合性的网站，其实不是。"云就业"不是简单地把不同的学校都集中到一个网站当中，而是给不同的学校进行分类整理，建立不同网页。这样才能够真正根据每一个学校的定位和需求的不同，打造出个性化的校园招聘平台。

"通过这个产品，学生知道每一天有哪些招聘会在哪个地方开，甚至可以在这上面提交简历、远程视频面试、看招聘会的直播等，非常方便。"长沙理工大学招生就业处的杨晨老师说。

全国首创高校VR全景线上招聘会

提到直播，是夏娟在"云就业"平台基础上增加的新项目——VR校园招聘。VR技术已经屡见不鲜了，但是将VR技术应用到招聘中尚属首次。

夏娟发现线下招聘模式很容易受时间和空间限制，导致很多同学无法及时参加。夏娟想着如果把VR技术融入招聘会，那么对于乐于接受新鲜事物的大学生和绞尽脑汁想招到人才的企业一定会大有帮助。

第一场VR全景招聘会，在湖南商学院做了尝试。得到了学校的大力支持，因为这让学校在就业指导方面有了更多的选择和突破。从整个结果来看，仅商学院就有1000多名学生观看了这次招聘。

要举办一场VR招聘会，夏娟面临的最大困难就是新技术的落地。在尝试做VR全景招聘会的时候，夏娟团队需要花时间去研究这些新技术、新方法。前期的准备非常顺利，团队配合得十分默契。在后面的VR视频制作中，尽管夏娟是第一次使用技术，操作不是很熟练，但也能挑起大梁，迅速把配音工作完成。很多在线观看的大学生纷纷赞扬夏娟声音好听。

这次招聘会为公司赢得了各种赞誉，夏娟很开心，但更令她骄傲的是这次VR招聘会让整个招聘行业有了一次革新。

获得“互联网+”大赛省级金奖

参加“互联网+大学生创新创业大赛”获得省级金奖，对于一个初创的公司来说是莫大的认可。但在夏娟眼里，参赛的目的不在于获奖，而是出于品牌的宣传。参加这次比赛的过程也是费尽周折。因为夏娟不像其他的在校学生一样，可以全身心地投入进来，可以早早地准备比赛。

大赛的日期是2016年的9月9日，夏娟9月3日才从北京回到长沙，之前没有准备任何参赛资料。也就是说，夏娟需要在不到一个星期的时间内，做好参赛的所有准备。

在很多人眼里，如果没有准备的时间，就直接放弃吧，但对夏娟来说，则“没有解决不了的问题”。

云研科技团队开始争分夺秒地准备相关资料。这个过程中，夏娟采取了“短平快”的策略。

以往参加校园活动的时候，夏娟团队都是三五个人，花费一到两个月的时间去准备。当夏娟的创业团队在短时间内做好了参赛准备时，夏娟发现创业真的很神奇，因为创业的激情能够让你做到你以前想都不敢想的事。

对于公司和团队，夏娟早已经明确了“无论获得什么样的荣誉，我们都选择继续前行”。

在比赛现场，有老师调侃道：“很多学生可能不知道学校就业处的老师叫什么名字，但他们一定知道‘云就业’，一定知道夏娟。”

比赛照片(2016年9月“互联网+”省赛)

夏娟说："荣誉和奖项不是我们的追求。带着匠心去打磨自己的产品，认认真真给企业高校学生做好服务，就是我们团队的追求。"这样守卫初心的创业者，不仅是长沙理工大学的骄傲，也是我们所有人学习的榜样。

与vivo合作

2017年3月，夏娟举办了首次"高校云宣讲"的活动，并得到了知名手机制造商vivo的支持。夏娟与vivo的合作模式是vivo公司可以播放企业的宣传片，同时他们的HR要参与到夏娟的直播节目。

一个新产品在全平台首发，而且还是与合作企业的第一次尝试，整个团队都十分紧张。夏娟是最紧张的一个人，却一直给团队加油助威。

夏娟最担心技术上出故障，比如网络如果不好就会导致整个直播卡壳，于是带领着团队一遍一遍，事无钜细地检查程序。

一切准备就绪，上线的前十五分钟，创业团队的心里更是忐忑不安，每个人都握紧拳头，手心都在冒汗。

宣讲直播开始后，随着流程的一一顺利落实，大家的情绪也都开始稳定了。整个直播过程没有出现任何意外。

通过这次活动，vivo的曝光量达到了1万多，这比起vivo通过其他渠道投放的广告来说，简直是九牛一毛，但是vivo却收获了200多份求职简历。vivo非常满意这次的宣讲活动。对夏娟来说，她又获得了一次成功的经验。

创业不是说说而已

如今，越来越多的大学生开始创业，针对这股创业热潮，夏娟的建议是，首先要想清楚，自己是不是适合创业，千万不要盲目地加入到创业队伍中来。

"如果我的合伙人，跟我一样是大学生，我可能不会选择创业这条路，因为我们的优势和劣势都是非常明显的。”夏娟说。

夏娟不鼓励那些盲目创业或者只是为了创业而创业的人。因为创业的过程是充满艰辛的，失败的后果是十分沉重的，只有具有了一个能够接受失败的心态，然后组建好创业团队，你才能开启创业的大门。

夏娟认为，自己的团队若能够为大学毕业生提供就业便利和资源支撑，能够为大学生就业困难的局面带来一些改善，那么自己所付出的一切都是值得的。

随着公司规模的不断扩大，夏娟的云研科技也得到了政府有关部门的关注。

2016年，云就业平台协助湖南省就业指导中心完成了全省22万大学生的就业质量调查。云就业平台启动机器自动学习过程，数据不断产生能量，延伸出就业质量指标、就业流向地图等更多的基于数据精准匹配的就业服务，

团队照片

帮助高校精准服务学生就业。同年，云研科技还受长沙市人力资源和社会保障局的邀请参加了“创翼大赛”。

在时代不断革新的脚步下，我们无法断言处于发展、危机、机遇、合作种种复杂环境的云研科技最终会走向哪里，但我们知道，夏娟总会选择勇往直前。我们也无法估量在资金、创新、科技、文化等合力作用下，夏娟还有多少潜能会被挖掘出来，但我们知道，创业总在意料之外。

而今的夏娟就像一位女战士，正在“创业”这个没有硝烟的“战场”上冲锋陷阵。

创业导师点评

邹兴平

2014年，夏娟在长沙理工大学招生就业处做学生助理，她亲身经历了老师们就业季烦琐复杂的就业工作。那时，她就开始思考如何解决招聘工作中学生和企业信息不对称、人岗不匹配的问题，在招生就业处老师们的鼓励下，她找来志同道合的伙伴开始创建云就业平台。当时的工作室是长沙理工大学主管招生就业处的副校长和招生就业处长腾出来的办公室，云就业平台在长沙理工大学乃至湖南省一直是创新创业的典型，不仅从实际出发提高了就业服务的质量和效率，还深受学生们关注。更重要的是，夏娟的创业团队坚持持续创新，在原有的首创移动PC一体化平台上持续推出了云宣讲、VR全景招聘会、大数据精准匹配模型等在原来就业工作上的创新之举，给高校的就业工作带来了新的展望。

一个好的创业者，一定是具有战略格局并且敢想敢做，夏娟就是。一个好的创业团队，一定是具有创新精神，并团结一致持续专注的，云就业团队就是。一个好的创业项目，一定是从社会需求中来，并且真正解决了社会问题并产生了社会价值的，云就业就是。作为他们的导师，这两年来看着他们从0到1打造了云就业平台，并从1到n进行迭代完善，从大家质疑一个学生创业团队能不能行，到现在高校就业圈的口碑认可，他们没有什么捷径，就是扎根在就业业务上，努力用真诚的服务展现价值。

创业者之路是艰辛的、光明的，只要朝着理想的灯塔默默前行，她就会走得更稳、更远……

本校双创教育

杨建军　长沙理工大学创新创业教育学院副院长

当“云就业”创始人夏娟的这篇小传文章摆在案头的时候，我作为一名亲历她们公司从初创到逐步成长的密切见证人，读来自是觉得字字亲切。两年前，当时的夏娟还是一名在校学生，在我们的办公室协助打理一些就业招聘方面的工作，因为这次机缘，她掌握了高校就业工作所面临的一系列挑战。毕业时，夏娟有很多职业选项，也有很多著名的公司向她伸出了橄榄枝。然而，她毅然选择了创业这条道路。在我看来，夏娟作为一名创业者，完全具备该有的几个特质。其一，她是一个有雄心抱负的人，愿意为改变当下做更大的探索，所以有勇气喊出“帮助天下毕业生走稳求职第一步”的口号；其二，她是一个执行力很强的人，当她决定了创业，不超过10天就注册了公司，不超过两个月就开发了“云就业”移动网络平台，不超过两年就将她们的产品应用到全国100多所高校，为超过100万大学毕业生服务；其三，她是一个善于整合资源的人，能迅速地聚拢一帮超过20人的创业伙伴，能快速与很多高校建立密切业务合作，能与数千家企业建立深度商务合作。当然，他们的“云就业”，无论是产品本身，还是其商业模式，都是非常棒的，正逐步成为风靡全国高校的一款移动互联网就业平台，核心产品的底层是信息共享、精准匹配计算、大数据挖掘处理等一系列新颖的技术支撑，开辟了大学生移动互联网就业的新趋势。

教育专家点评

陈国柱　华侨大学创新创业学院院长

夏娟的故事，让我很震撼。震撼的不仅是她目前取得的成就，更在于她身上体现出的敏锐的市场洞察力、坚韧不拔的意志品质、强烈的社会责任感和敢于创新的精神，这是90后大学生学习的榜样。

看着夏娟的成长历程，我认为高校开展双创教育应该坚持做好以下三点：一是创新创业来源于生活实践，要鼓励大学生细心观察生活，留意身边的事物，寻找机会；二是把创新创业作为一项事业，执着追求，敢于挑战和冒险；三是要有担当意识，把创新创业融入责任担当，将社会责任视为己任，实现个人价值与社会价值的统一。

初遇韶华，恩宠加身

——“参赛狂人”崔天雷的创业故事

2013年，进入大学第一天便激发了他的创业热情；家教、零售、餐饮的兼职经历赋予了他丰富的社会经历；2015年，成立创业社，同年被推荐担任团委双创队长；2016年，带领团队获得“第二届互联网+大学生创新创业大赛省赛金奖”“第二届互联网+大学生创新创业大赛国赛铜奖”“2016年海尔创青春创客专项赛一等奖”“首届全国财经类院校创新创业大赛二等奖”“第十五届挑战杯课外学术作品竞赛省赛特等奖”等奖项；2016年，成立烟台厘米网络科技有限公司；2017年，韶华云帆APP正式上线，并发布小程序；同年5月，入选“山商之星”。初遇韶华，恩宠加身，这就是山东工商学院创新创业精英崔天雷。

初谋创业

出身农村、家境贫寒的崔天雷，步入充满青春活力的大学校园，没有他人的那份喜悦，更多的却是忧愁。读大学，对一个农村的孩子来说，可谓是鲤鱼跃龙门，因为这是摆脱贫穷的唯一出路，而走进大学的崔天雷却在为接下来的生活费而发愁。

刚刚读大一的崔天雷，凭借优秀的表现竞选上了班长，上过大学的人都知道，身为班里的“领导”，每月花在维护“人际关系”的费用很多，家里经济条件本来就不怎么好，生活费根本支撑不了自己的开销，更别说要经常组织和参与一些社团活动了。

为了解决自己面临的“经济危机”，崔天雷和一个同学商量后，决定去做兼职，赚点零花钱。

有了想法就要付诸行动，他们很快在学校的兼职平台上找到了一个周末帮助房地产公司发宣传单的工作。也可能是房地产公司人手不够吧，第一天去工作，公司负责人看着崔天雷他俩踏实肯干，干脆就让他们当了“领导”，来同时管理20多个人发宣传单的工作。

在与房地产公司接触过程中，崔天雷结识了该公司的一位主管。在交谈中，崔天雷的生意头脑来了，他想自己拉团队单干，就是把房地产公司发宣传单的工作全部承包下来。这样由崔天雷来负责人员的招聘和调配。实际上，这对于房地产公司来说，也是一件好事，毕竟减轻了自己对发传单人员的招聘、管理等事宜。

在经过公司负责人的同意后，崔天雷第二天就正式开始了自己的第一次“创业”。事实证明，在这种运作形式下，不仅手下这些干活人的收入没有减少，由于结账及时，崔天雷本人的收入也有了很大的提升。就这样，崔天雷和他的同学赚到了大学期间的第一桶金，而自己的生活费问题也得到了解决。

在接下来的一个月时间里，崔天雷的团队人数达到了200多人，兼职人员覆盖到了烟台当地六所高校的学生，并且与当地五家房地产公司有合作。

后来，因为团队内部的一些问题和自己在学校学业越来越紧张的缘故，一年之后，崔天雷的团队逐渐解散了。

短短的一年时间里，崔天雷不仅真正接触了解了社会，还学会了如何与人打交道等，这些都是在课堂上、书本上学不来的知识和经验。

初识创新创业

进入大三，在“大众创业、万众创新”的大潮下，崔天雷对创新创业产生了浓厚的兴趣，并到了痴迷的程度。生来就不安分的崔天雷在学院老师的指导和帮助下成立了一个社团——创业社，为全院开展创新创业活动提供服务，并统筹学院举办各种“双创”比赛事宜。

万事开头难，由于没有什么成功的经验可以参考，所以只能依靠自己一步一步地往前走，而这条路，崔天雷走的很艰辛。

那段时间，由于创业社刚刚起步，所有的工作只能由崔天雷一个人来承担。又要策划活动，又要招募社员，还要照顾自己的学业。尽管后期有一个师弟加入，但没过多长时间，对方觉得胜任不了这样一份工作就主动退出了。确实是，这份工作的压力太大，本来新社团就不好管理，更别提大家听都没有听说过的创业社。所以，为了经营好自己的社团，崔天雷只好自己每天加班加点地工作，整理材料，规划发展，工作到凌晨一两点钟成了崔天雷的家常便饭。

盼星星，盼月亮，终于盼到了新一届学生入学，机会来了，可以纳新招募社员了。由于创业社是新型的社团，那时候在新生面前说创业社，大家都以为是提供兼职工作、教给你怎么赚钱的一个平台。崔天雷只好不厌其烦地向大家解释当前社会大环境，解释什么是“双创”，解释国家对大学生创新创业的支持政策，更不忘向大家介绍创业社的服务内容，告诉创业社是实现大家创业梦想的平台，是获得社会资源、对接项目的平台，是学习之余可以肆意“折腾”的平台。

依靠个人的魅力，当年创业社的纳新人数是学生会各个部门人数最多的一个。创业社从无到有，从1个人发展到目前的30多个人，这期间的艰辛只有崔天雷自己知道。

在之后社团组织的活动中，崔天雷带领着创业社团队成员，参加了2015年暑期的社会实践、2015年寒假的社会实践、2016年暑期的社会实践、第二届“互联网+”大学生创新创业大赛等大型的社会活动。慢慢地，创业社的工作逐渐步入正轨。

在做出一定的成绩后，学院的领导也注意到了崔天雷和他的社团，学院团总支的老师想让崔天雷往更高的平台去发展。

2015年下学期，学院推荐崔天雷进入了学校团委下设的双创团队，并让他担任队长一职，负责整个学校的创新创业比赛等事宜。而对于崔天雷来讲，这是自己面临的又一次机遇，同时也是一次挑战。

与“你”熟识

创青春参赛团队在青岛大学场地分发参赛物料

进入更大的平台，崔天雷感觉自己整个心灵都得到了升华，每天过得也很充实。他组织学校的创新创业的团队，先后去青岛、济南等地参加了“互联网＋”和“创青春”的创业比赛。但是在这过程中，崔天雷总感觉少了点什么，看着各个创业团队热火朝天地筹备比赛、参加比赛和拿奖，自己的内心也开始痒痒起来，他总觉得自己不能只做一个旁观者和服务者，自己也要投身到这些队伍中去。

但是在其位必须先谋其政，创业的想法尽管有，但是当下自己还是先要把工作做好，给这些创业团队做好服务保障。

在双创团队任职期间，崔天雷先后为学校摘得“创青春高校优秀组织奖”“互联网+优秀组织奖”等荣誉。

在双创团队工作期间，崔天雷有机会接触到很多从事“双创”教育的老师，还有一些社会上的天使投资人，他觉得自己的知识储备在直线上升，创业的火种在自己胸腔中也开始燃烧起来了。

初遇“韶华”，一见如故

2016年9月18日，共青团中央印发了关于《高校共青团“第二课堂成绩单”制度试点工作实施办法》的通知，并在全国选取了36所高校作为“第二课堂成绩单”的试点，山东工商学院作为山东省唯一一所高校成功入选。此次的入选，源于学校“韶华云帆”创业团队率先融入到了团中央“到梦空间”(到梦空间是一款助力大学生梦想实现的多终端服务的校园免费应用程序)和“第二课堂成绩单”网络管理平台开发团队，并为其开发了配套产品和信息解决方案。

在代表学校参加第二届山东省“互联网+”大学生创新创业大赛的时候，崔天雷有幸被选为“韶华云帆”创业团队的负责人。回顾赛事的准备过程，崔天雷说至今仍记忆犹新：项目商业计划书、宣传视频、项目介绍用的PPT、答辩稿等，这些几乎都是零基础开始的。

成功的道路总是充满荆棘与坎坷，正如歌中唱到的：“不经历风雨，怎么见彩虹，没有人能随随便便成功。”因为种种原因，崔天雷的“韶华云帆”项目团队在区域赛中表现不佳，但庆幸的是，他们获得了一次“复活”的机会。

为了把握住这次机会，比赛结束后全体队员主动放弃了休息，在空空荡荡的教室和实验室里继续完善项目，调整项目中的不足。

参加复活赛的时间定在7月下旬，当时济南的天气特别炎热，到了酒店，一切安排妥当后，崔天雷立马把团队成员召集了起来，继续准备第二天参赛的资料。经过一个通宵的准备，在第二天的比赛现场，“韶华云帆”项目得到了评委们的认可。最终功夫不负有心人，在焦虑紧张和忐忑不安中，大家

"韶华云帆"团队接受山东教育电视台采访

终于等来了好消息——成功复活！

这次比赛更加坚定了崔天雷的信念：努力是不会白费的，我们要继续走下去！复活，意味着崔天雷的"韶华云帆"团队可以继续参与接下来的正赛了。

在接下来的比赛中，崔天雷同他的"韶华云帆"团队一路披荆斩棘，成功杀入决赛，并一举夺得山东省第二届"互联网+"大学生创新创业大赛的金奖，并被推荐代表山东省参加在湖北武汉华中科技大学举办的第二届中国"互联网+"大学生创新创业大赛。

成立公司

在成立公司之前，崔天雷"韶华云帆"团队的主要任务和精力放在了产品研发上，市场推广做的很少，所以自己的项目基本没有什么盈利。

2016年9月中旬，"韶华云帆"团队获得一个可以申请天使基金的机会，但前提是"韶华云帆"需要有一个合法的主体，也就是需要提供正式工商注册的信息。得到消息后，崔天雷和团队的小伙伴们坐不住了，大家马上各自分工，有人负责去工商局办理公司注册的手续，有人负责去银行开户，有人负责购置办公用品。这两年，国家对大学生创新创业有很大的支持，在注册过程中，也是一路绿灯。使得崔天雷他们仅仅用了6天的时间就把公司营业执照等手续全部办理下来了。

2016年9月28日，依托"韶华云帆"创业团队的烟台厘米网络科技有限公司正式成立，公司的发展方向是做专门针对大学生的免费开放校园服务平台。

有这个定位，是因为发现高校每年用于管理、教学等方面的资金投入逐年增加，打造一个安全、稳定、环保、智慧的校园是全国高校一直以来的痛点。在日益快速发展的网络环境中，校园管理与服务的智能化需求更加迫切，全国各高校积极为学生营造丰富多彩的校园文化，提供方便周到的校园生活。尤其是在近几年，随着科技的发展与国家政策的支持，全国高校展开智慧校园的建设，各高校积极参与到利用云计算、虚拟化和物联网等新技术应用中，来改变师生和校园资源相互交互的方式，以此达到将学校的教学、科研、管理与校园资源和应用系统进行整合的目的，从而提高应用交互的明确性、灵活性和响应速度，实现智慧化服务和管理的校园模式。

在科技快速发展的环境下，高校学生对自己校园内外的生活、学习、工作的便捷智能化需求更加显著。随着各种校园服务平台的出现，如公众号、APP、网页等，冗杂、烦琐的信息早已使学生感到厌烦，学生需要一个整合性的校园服务项目来满足自己日常的需求，如支付、查询、活动报名、签到等。

但高校自己设计、研发、制作这样的校园服务项目是既费时又费力的工作，也不能在短时间内形成一个高校服务系统，以便快速解决各高校的问题。

给团队新加入的小伙伴做产品讲解

去年，艾瑞咨询联合京东智能发布了2016年中国智能硬件行业发展趋势的报告，报告指出，现在可穿戴设备整体的渗透率是19%。从行业层面看，智能穿戴设备的市场规模仍在高速增长。2015年，智能硬件热门品类的销量已经破千万，在2016年，会在智能家居、可穿戴设备的带动下继续增长。由于崔天雷公司从事的主要方向是校园服务项目，主要为学校和学生解决校园、城市、生活等问题，学校和学生的接受程度会很高，因此粗略估计智能可穿戴设备在学生群体内的市场渗透率为50%，并且随着校园服务行业扩张的趋势以及前期基数较小，前几年渗透率有望保持20%~30%的增速。全国高校的学生和老师将是崔天雷团队发展的用户，项目的市场潜力和发展空间巨大。由于校园服务行业一直以来备受人们关注，随着市场打开后，同类产品大量出现，公司将面临后来者的激烈竞争，崔天雷的团队任重而道远。

原本以为接下来一切的计划都会顺利进行，但天使基金的申请却没有被审核通过。资金没有拿到，燃眉之急没有得到解决，注册公司也增加了不少的开支，看来崔天雷要解决发展问题，也只能另寻他路了。

好在公司成立之后，顺利入驻到学院的中科创业园。

国赛见闻

2016年10月13日，第二届中国“互联网+”大学生创新创业大赛全国总决赛以“拥抱‘互联网+’时代，共筑创新创业梦想”为主题在华中科技大学如期拉开帷幕。经过大赛专家评审委员会第一轮的网评和会议评审，组委会从入围全国总决赛的600个项目中评选出了120个项目来到总决赛现场。

主赛场设在华中科技大学的体育馆。那天的场面是真真地把崔天雷震撼到了，他说：从来都没有见过那种场面，为了大赛的安全性，不仅仅有专业的安监人员参与现场的把控，一些红外线检测仪等高端设备也派上了用场，体育馆内的主舞台也是在参与过的大赛中所见最大的，所有参加比赛获得金奖的团队，几乎都有几项或者十几项发明专利，有的创业团队甚至已经获得上百万的投资，那感觉就好比是农村人刚刚进城见到鳞次栉比的高楼大厦那般震撼。

在参加大赛期间，崔天雷他们在武汉光谷大厦的现场还亲眼见证了投资人与项目负责人谈判和签署投资协议的场景。每个项目的负责人都带着收获的喜悦，让崔天雷倍感羡慕，他期待有一天自己的团队也可以做到。“下一届‘互联网+’大赛上，跟投资人签约的一定会是自己！”崔天雷暗下决心。

上海、北京之行的收获

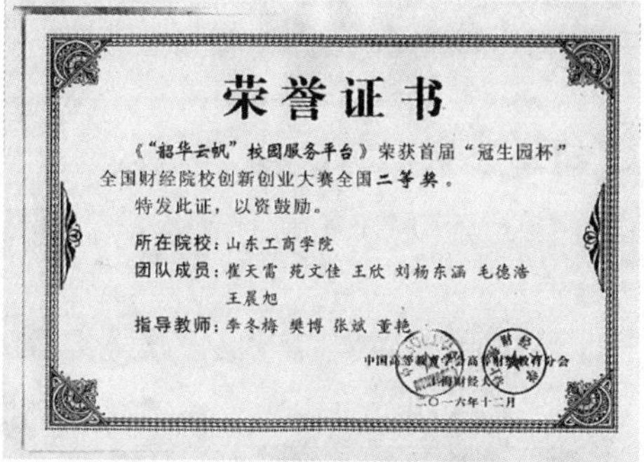
荣誉证书

《“韶华云帆”校园服务平台》荣获首届“冠生园杯”全国财经院校创新创业大赛全国二等奖。

特发此证，以资鼓励。

所在院校：山东工商学院

团队成员：崔天雷 苑文佳 王欣 刘杨东涵 毛德浩 王晨旭

指导教师：李冬梅 樊博 张斌 董艳

二〇一六年十二月

2016年12月，首届全国财经类院校创新创业大赛在上海财经大学举办，这里汇集了全国财经类高校的优秀师生。崔天雷的“韶华云帆”项目在此次大赛中获得全国二等奖。

这次比赛让崔天雷意识到了与全国其他优秀创新创业团队的差距。当然，自己项目再次得到肯定的那一刻，之前准备比赛的所有枯燥与煎熬一下子化作了动力与激情。

校领导与项目团队合影

上海比赛现场

由于崔天雷在“韶华云帆”项目上花费了大量的时间去准备、去调研、去研发，因此自己也错过了太多的东西，考研和考公务员的教材在书桌上尘封了不知多少个日夜，学科也屡屡亮起红灯，甚至还让崔天雷错失了免答辩的资格。

2017年1月，趁着学校放寒假的时间，崔天雷专门去了趟北京，到北京大学和清华大学的创业园去取经。创业园内忙碌的景象，科技创新的氛围，中关村创业大街上那些成功的“先驱”，给崔天雷留下了深刻的印象。在考察期间他发现，与这两所中国最高学府的创新创业氛围和那些成功的创业者相比，自己的努力还不够，差距还很大。崔天雷又一次默默地在心里为自己鼓劲、为自己加油。

“韶华云帆”的发展

2017年3月，在崔天雷整个创业团队的努力下，经过内测，“韶华云帆”APP和“韶华云帆”小程序正式上线。尤其是此次发布的“韶华云帆”小程序是专门针对山东工商学院开发的一款校园服务软件。在接下来的产品研发和优化中，“韶华云帆”创业团队还研发了“韶华云帆”全国高校版，这个版本计划在今年9月上线，与团中央推广“第二课堂成绩单”的“到梦空间”系统同步推广到全国各大高校中。

团中央的“到梦空间”在36所试点高校运行过程中，也曾经遇到一系列的问题。以山东工商学院为例，学院原有教务、数字山商、图书馆等几大系统平台，不能与“到梦空间”更好地融合、对接数据信息，在学生群体中造成因学校服务系统平台繁多而利用率不高的问题。

针对所出现的一系列的问题，崔天雷的“韶华云帆”技术团队借助现有资源和平台，充分运用互联网思维，发挥精益求精的工匠精神和永不止步的创客精神，以“到梦空间”为核心，先后开发了一系列衍生的产品和服务，将“到梦空间”与大学生的学习、生活紧密衔接起来，充分实现高校对学生在校四年生活的全过程智能管理理念。

“韶华云帆”针对“到梦空间”的研发产品过程，在2016年得到《中国青年报》、《大众日报》、山东教育电视台等多家新闻媒体的报道。在2017年4月，“韶华云帆”创业项目成功入选“教育部地方本科高校转型发展成果展”，并先后摘得2016年“创青春”海尔创客赛第一名、山东省“互联网+”大学生创新创业大赛金奖、第十五届大学生课外学术作品竞赛特等奖等桂冠。

如今，崔天雷和他的“韶华云帆”项目团队正在进一步加强与团中央“到梦空间”即“第二课堂成绩单”网络系统运营团队的深入合作，并积极将其自己研发的“韶华云帆”软件与“到梦空间”App结合起来，让自己的项目从一个点借助外力迅速扩大到一个面，构建一个属于自己的互联网产业。

通过对市场热点、消费群体、市场容量等参数的细致分析后，崔天雷“韶华云帆”团队研发的项目产品终于在母校山东工商学院落地。通过地推以及线上宣传等途径，崔天雷的软件产品在当年入学新生群体中达到了62%的市场占有率。目前，平台的用户及使用频率不断增加。

迷茫的毕业季

转眼间，毕业在即。因软件工程专业的特殊性，大四学年的课程比较少，同学们把大部分的精力都放在了做毕业设计上。

学校的毕业设计要求需要包含产品需求文档、概要设计文档、项目文档、详细设计文档、测试文档，除此之外还要提供一套可以操作运行的系统。此时的崔天雷才发现自己学到的专业知识并不够深入，毕业设计成了他面临的一大难题。

为了做好毕业设计，崔天雷在那段时间几乎天天待在实验室里，写文档，敲代码，搞得自己真有点开始怀疑人生了。都说鱼和熊掌不可兼得，崔天雷的公司和“韶华云帆”项目刚刚有起色，就这样因为毕业设计不得不选择休整。那段时间，团队的小伙伴们都开始做自己的毕业设计，但公司的例会还是照常要开，公司内部的一切事务也还是在按部就班地进行，力求做到了人休息业务不停。

完成毕业设计，崔天雷用了近两个月的时间，这期间，崔天雷几乎都是在实验室中度过的。同时，为了能让公司继续生存下去，他只能压缩自己做毕业设计的时间，利用间隙去跑市场、搞研发、做推广。

在这个过程中，崔天雷有时候也会心烦，解决压力的办法就是走到海边去放松心情。海风的潮湿、海浪的汹涌、海水的苦咸，正如崔天雷在创新创业实践中的感受一样，都是他不曾想到的。

海浪淘沙，剩下的都是金光闪闪的金沙，踩在上面感觉自己就像是在梦境中一样，梦中的那片海滩就是这样的。毕业、创业、就业你该何去何从……

“挑战杯”与“毕业”的交锋

六月份，临近暑假的校园里反而人流如织，绿茵场上，也总会看到一波又一波身着学士服的同学，向天空扔起学士帽，放松着自己的心情。一幕幕毕业季固有的场景在校园的各个角落上演，崔天雷也忍不住在这样的场景前驻足，一是羡慕，二是伤感。

别人在备战一辩的时候，别人在宿舍打游戏的时候，别人在为考研努力学习的时候，别人在拿到国外大学offer的时候，崔天雷却在准备参加第十五届“挑战杯”(海尔)山东省大学生课外学术科技作品竞赛。

记得学校团委的老师问崔天雷今年是否继续报名参加比赛的时候，他自己还在犹豫。因为一旦报名参加比赛，必定会把更多的精力和时间用在比赛上，更重要的是自己还要进行毕业答辩。

为了自己的团队，也为了学校的荣誉，崔天雷毅然决定报名参赛，说实话，此次比赛崔天雷是抱着“无心插柳”的心态，成功了最好，不成功，自己也没有遗憾了，毕竟自己目前还有更重要的事情要做。

没过几天，项目入选通知下来了，在崔天雷所在的山东工商学院推选的几个参赛项目中，只有“韶华云帆”创业团队的项目进入决赛。听到这个消息之后，大家既高兴又失落。高兴的是这证明了团队的实力，失落的是备赛花费的时间会更多，压力也会更大。这时的崔天雷恨不得有三头六臂。

为了不耽误参加“挑战杯”，崔天雷只能放弃了5月12日第一次论文答辩的机会，因为当天他要向大赛组委会提交最终的参赛作品。

决战挑战杯

“挑战杯”于2017年5月20日至5月22日在烟台举行。作为山东工商学院唯一进入决赛的参赛队伍，崔天雷和他的“韶华云帆”创业团队成员深知“挑战杯”的重要性，大家决定全力以赴，项目产品设计更是力求精益求精。

那段时间，白天，创业团队的成员聚集在一起，大家集思广益，共同探讨比赛项目的优化问题。万千思想的碰撞，难免存在分歧，但是团队成员都能够做到以大局为重，在多次讨论后确定严谨正确的实施方案并付诸实践。

夜晚，工作间的灯光几乎夜夜难熄。在万物静寂的时刻，崔天雷和他的技术伙伴仍然默默地敲代码、做程序、改ppt。

团队负责人崔天雷给前来观摩的学生耐心讲解

5月21日晚上，是参赛以来最煎熬的时刻，“韶华云帆”创业团队的每一个成员都在焦灼地等待着这次比赛的结果。消息一条接一条地从手机里面跳出来，但是大家却不敢打开，生怕看到的是不满意的答案和安慰的话语。正在忐忑不安的时候，微信群里一句：成了，特等奖！特等奖！这时，大家才如释重负。

崔天雷的“韶华云帆”创业团队凭借本次竞赛获得特等奖以及优秀组织奖，取得参加全国决赛的资格。

团队成员与省团委副书记刘少华合影留念

团队负责人崔天雷在给省团委领导介绍项目

荣誉的背后，一方面与学校老师的谆谆教诲分不开，更是团队成员努力奋战的结果。当接到参加“挑战杯”全国决赛通知的时候，创业团队所有成员深吸一口气，而后相视一笑——没错，新的挑战又开始了。

“挑战杯”的付出和收获，让崔天雷和团队成员信心倍增，他们敢想但不止步于幻想，他们敢做但决不急于求成。团队的成员齐心协力、奋勇争先，不仅激活了每个人的创造力，也为项目注入无穷的能量。

正是一个优秀创业团队的存在，崔天雷才将不可能完成的任务变成可能。大家切身感受到了团队的成长、挫折、磨合与进步。

回首与展望

离开按部就班的学校生活，他们终于有了一个可以自由选择未来的机会。当无数人和你说“依旧要好好学习”，或者“做自己想做的事情就好”，再或者“一定要找一份稳定的工作”时，崔天雷从不同的人那里窥探到了不同的人生。

也有老师问崔天雷毕业后的打算，是继续创业还是就业？其实，经历过创业和无数次参赛，前方的道路崔天雷已经考虑好：毕业之后先去北京学习深造，三年之后带着自己的技术团队再次回到烟台，回到山东工商学院，也许那时的他不再像现在这样单纯，也许那时的他会更加成熟稳重。自己知道哪一块是短板，这一块是必须要弥补的，不然在之后的工作中会出现大问题。

斑驳的阳光透过道路两旁繁茂的树叶下一片星光，回首大学四年走过的路，崔天雷觉得很幸运，也很幸福。

毕业季，崔天雷也收到了来自母校的礼物，他成功入选“山商之星”，在这个美丽的六月，崔天雷带着这份喜悦与收获踏上了前方的路途。

山东工商学院校门近景

创业导师点评

李冬梅

国际21世纪教育委员会向联合国教科文组织提交的报告《教育——财富蕴藏其中》中指出：面向21世纪教育的四大支柱，就是要培养学生学会四种本领：学会认知、学会做事、学会合作、学会生存。高等教育是在应用型人才培养与社会需求之间架起的一座桥梁，承担着培养有智慧、有能力、高素质、具有批判性思维的创新性人才的历史使命。网络化环境和信息技术的普及一方面极大地拓展了学生获取知识和信息的途径，改变了过去单一的学习场景，另一方面也增加了以体验为主导的互动性。这种环境的改变对高校的育人方式提出了新的挑战。学生能力的培养需要依靠训练和社会实践，素养的提高需要依靠教育主体人文情怀的熏陶和滋养，智慧的提升需要学生在社会实践中体会、反思、感悟和启迪。创新是社会发展的不变法则，创业则是创新得以实现和应用的重要途径。创新创业教育倡导学生在不断试错中反思、总结、认知、成长，因而将创新创业教育贯穿整个大学教育，与专业教育有机融合的模式成为现代高等教育供给侧改革的必然趋势。

90后的大学生，有自己的想法和追求，不喜欢循规蹈矩，喜欢彰显自我，喜欢大胆尝试新事物和探索新奇的未知世界。崔天雷和他的“韶华云帆”项目团队正是这样一群有梦想、有追求、个性鲜明的群体代表，也是山东工商学院将创新创业教育融入整个教学过程、实现“工+商”融合的典范。

通过参加创新创业大赛和创业实践活动，崔天雷他们真正将“要我学”变为“我要学”，极大地激发了学习的主动性。通过调研发现客户需求的痛点，分析并提出创造性解决问题的方案。有时为了解决一个技术难题，需要经历无数次头脑风暴，承受无数次失败的打击和痛苦，他们在失败中不断地反思和总结，逐步构建了自我认知体系，同时也进一步明确了：自己想要怎样的生活？要成为什么样的人？如何能够实现未来的梦想？现在需要做什么？他们一路走来，路过很多的风景，品尝过很多心酸，收获太多喜悦，得到了快速成长……这种以项目为主线、以问题为导向，跨专业团队的体验式学习颠覆了传统教育的理念。

诚然，对于在校的大学生而言，创业成功的几率并不高，但是这种经历却让学生零距离接触社会，是一种涵盖了智力、能力、体力、素质、心理等方面抗挫折的实践教育，这种经历可以让学生快速成长，其意义深远。

什么是成功？有人说考上研究生是成功，有人说考上公务员是成功，也有人说毕业后找个好工作是成功……不同的选择有不同的结果，每个人都希望活出自己的精彩。

尽自己最大的努力，与青春的梦想谈一场轰轰烈烈的恋爱，在努力追求的过程中，享受学习和生活中的五味杂陈，不负岁月、青春无悔，这何尝不是一种成功！

德国哲学家雅思贝尔斯说过：“教育是人们灵魂的教育，而非理智知识和认识的堆积。教育的本质就是一棵树摇动另一棵树，一朵云推动另一朵云，一个灵魂召唤另一个灵魂。”

我坚信：每个学生都是一颗萌动的种子，只要耐心浇灌，终究会开花结果。有的花，一开始就会很灿烂地绽放；有的花，需要漫长的等待。在创新创业教育过程中，老师应从传统的“传道、授业、解惑”的角色，转变为课堂教学的设计者、学生学习研究的合作伙伴以及成长的引导者。陪同着他(她)一起沐浴风雨、阳光，精心呵护，慢慢地看着他(她)们长成自己想要的样子，这才是一个老师最大的幸福和快乐！

本校双创教育

郭金创　山东工商学院党委副书记

作为一所以经济类、管理类学科为主的财经类高校，山东工商学院一直非常重视大学生创新创业工作，将创新创业教育深度融入人才培养全过程，并在顶层设计、管理机制、课程建设、教学方法与手段改革、实践实训、教学管理、师资队伍建设、教学条件等方面锐意改革、积极创新，形成了“服务”理念贯穿的“高校+地方+企业”三螺旋驱动，“社团”理念贯穿的“创意+创新+创业”三结合育人，“转化”理念贯穿的“首创+借鉴+集成”三发展导向，“协同”理念贯穿的“工科+商科+融合”三平台共建的“3333”双创教育新模式。

在构建双创发展新机制、营造双创发展新格局、拓展双创融资新渠道、塑造双创发展新支撑、培育双创发展新氛围“五大主要任务”方面精准发力，强势推动“双创山商”人才培养机制改革、人才培养方案改革、双创课程体系改革、教学方法与考核改革、创新创业实践改革、教学学籍管理改革、双创师资能力建设改革、双创指导服务改革、文化活动体系改革、双创资金支持改革等十大改革举措。

经过多年实践探索，先后有150余家大学生创业团队入驻，孵化成功自主创业企业40余家，带动直接就业1300余人，实现营业额10多亿元。

学校将进一步营造全新的创新创业教育氛围，建立从创业教育、项目培育、指导帮扶到实践孵化为一体的综合性大学生创业扶持体系，并将通过“低成本聚双创、高服务育双创、全生态成双创”三步走战略着力完善创新创业教育生态系统，构建起更为全面的创新创业人才、团队、成果、资金、政策、产业有机关联的双创教育链条，强化与高校、政府、企业等双创重点区域分工合作，突出全域协调联动，建设成为山东省东部领先、省内一流、全国知名的创新创业教育示范高校。

教育专家点评

杨宏　黑河学院副书记

崔天雷的故事告诉我们，创新创业教育是基于素质培养的高级认知，是关乎学生创意、成长和创新的关键性的人才培养路径。高等教育的核心功能是培养具有独立思考能力和创业精神的个体，具备创业精神的个体更有能力将想法转变为行动，因此它是一种核心竞争力，能够帮助年轻人在从事任何工作时都更具有创意、更有自信。而后，学生个体通过追求个人理想和财富的方式选择组织内创业或者自主创业。学生创业提供了新增工作岗位中的绝大部分，是国家创新发展战略的重要支撑。

后　记

在《创业人生壹》的后记中我曾经说过，接下来将会陆续推出第二册、第三册、第四册……

今天，当大家还沉浸在《创业人生壹》中的时候，当“CWU创业人生公开课”的全国巡讲在国内院校如火如荼进行中的时候，我们的脚步却丝毫没有停歇，因为“创业人生”这四个字从开始就意味着持续和永不落幕，因为我们知道这件事已经成了我们肩上的一份责任。“CWU创业人生公开课”在半年的时间里，走过了11个城市，参与的学生约5000人，公开课得到了院校的鼎力支持，每场都精彩开讲，互动不断。

我们也在公开课上看到了很多大学生都在做着自己的创业项目，也遇到了很多问题，我们庆幸在现场为大家解决问题，当然公开课结束后，我们依然持续为同学们解决就业或创业的问题。我们想用我们的经验告诉大家，创业是人人可做的一件事，但是也不是人人都能做的事。通过书中的创业故事你会发现，走在创业道路上的这些人，他们的成功经验不能复制，他们失败的教训我们可能也无法体会。但是我们重要的是想给大家一个认清自我、实现自我的通道。在创业人生中，创业的定义是广义的，无论在一家企业工作还是经营一家公司，创业人生的精神是相通的。

通过这本书，也许会燃起你去创业的激情，也许会浇灭你创业的梦想，但是只要你读完觉得对自己还是有些用处的，我们觉得也不枉我们这一年的所有辛劳与付出，所以也就有了今天这本《创业人生贰》。

与《创业人生壹》不同的是，本书的创业案例可以说涵盖了全国各个地方的高校，往西我们到了新疆维吾尔自治区的新疆财经大学，往北到了内蒙古自治区的锡林郭勒职业学院，往南到了广东省的广东女子职业技术学院，往东则是到了山东省的山东工商学院。

这本书，我们以更接地气的形式采访到了11位创业人物，他们或是边读书边创业，或是刚刚毕业不久便开始了创业，也有在社会上锻炼了一段时间后又走上创业之路的。每个人的创业历程尽管不同，身份不同，环境不同，但是因为创业，我们把他们连接在一起，互帮互助，互惠互通。

在本书的编辑过程中，主编周前进先生及参与点评的所有校领导都在百忙之中抽出时间参与本书的创作，他们都表示能支持这样一件公益性的活动是有意义的、有价值的。同时感谢清华大学出版社的编辑，在图书的编审中不断地提出中肯的修改意见；也要感谢中宣文化团队，他们战斗在一线，同每一个创业人物反复地沟通交流；还要感谢新道科技总部和各地分公司的伙伴，正是他们在背后的默默支持，才让我们的这个项目得以延续。

要说《创业人生壹》是一个开始，《创业人生贰》就是一种继承，我们在这条路上，将会继续坚持走下去。欢迎大家持续为我们推荐您认为有价值的精彩故事，也期待更多人加入创业人生。Change the word, start with us.

新道科技股份有限公司

郭静